SOUVENIRS

DE

LA RÉVOLUTION

EN ANJOU

PAR

Albert BRUAS

Ancien Magistrat

LA SOCIÉTÉ POPULAIRE DE SAUMUR EN L'AN II ET L'AN III

ANGERS

IMPRIMERIE-LIBRAIRIE GERMAIN ET G. GRASSIN

RUE SAINT-LAUD

1883

SOUVENIRS

DE LA RÉVOLUTION

EN ANJOU

SOUVENIRS

DE

LA RÉVOLUTION

EN ANJOU

PAR

Albert BRUAS

Ancien Magistrat

LA SOCIÉTÉ POPULAIRE DE SAUMUR EN L'AN II ET L'AN III

ANGERS

IMPRIMERIE-LIBRAIRIE GERMAIN ET G. GRASSIN

RUE SAINT-LAUD

—

1883

SOUVENIRS DE LA RÉVOLUTION

EN ANJOU.

La Société populaire de Saumur en l'an II et l'an III.

Dernièrement le hasard a fait tomber entre nos mains un manuscrit relatif à l'histoire de la Révolution en Anjou. C'est la collection, malheureusement incomplète, des procès-verbaux des séances tenues par la *Société Populaire* de Saumur en l'an II et en l'an III. La lecture de ce document, curieux et inédit, nous a suggéré l'idée d'en publier quelques extraits qui nous ont paru intéressants à étudier. En effet, dans les temps troublés où nous vivons, alors qu'on entend déjà souffler le vent d'une tempête révolutionnaire, peut-être prochaine, l'esprit se reporte fatalement vers les souvenirs qui se rattachent à la révolution : on cherche dans le passé des enseignements pour l'avenir.

En tout cas, il s'agit là, en quelque sorte, d'une page d'histoire locale, de souvenirs auxquels les événements présents donnent une certaine actualité et qui en eux-mêmes nous ont semblé dignes d'attirer pendant quelques instants l'attention des lecteurs bienveillants de la *Revue de l'Anjou*.

Ce manuscrit, incomplet nous l'avons dit, commence par le procès-verbal de la « séance du 30 germinal de

« l'an II de la République française, une et indivisible et
« de la mort du tyran » (9 avril 1794). A partir de cette
date, il reproduit les procès-verbaux de toutes les séances
de cette société révolutionnaire, signés par les présidents
et secrétaires, jusqu'au 24 frimaire an III. Là, il existe
une lacune; puis les derniers feuillets contiennent les
procès-verbaux des séances de pluviôse et de ventôse an III :
ceux-là, non signés, sont faits avec moins de soin et de
régularité. Mais dans la première partie, tous les procès-
verbaux sont complets et inscrits sans interruption sur une
série de cahiers in-folio.

La physionomie de chaque séance y est retracée, souvent
d'une façon pittoresque et dans un style imagé, quoique
peu correct [1]. Chaque séance porte une date empruntée au
calendrier républicain, et si, une fois, on trouve au cours
d'un procès-verbal la mention d'une date avec les énoncia-
tions du calendrier grégorien, cette date est immédiatement
suivie de ces mots : « style esclave. » La République y est
presque toujours qualifiée « une, indivisible, démocratique
« et impérissable. »

Quel était le but de cette société populaire, de ce club
révolutionnaire? La Société, dans un projet d'adresse à la
Convention nationale, se qualifie « d'établissement national
« où se rassembleront tous les amis de l'égalité et de la
« liberté. » En conséquence, elle sollicite de la Convention
« les moyens de fonder l'école de la vertu et de la liberté »
(séance du 30 germinal an II), et, le local de ses séances
étant insuffisant, elle réclame « un temple destiné à
« l'instruction publique! » (Séance du 1er floréal an II).

L'instruction publique est donc, en apparence, l'objet
principal de la Société populaire. En effet, dans l'adresse
remise aux représentants du peuple près l'armée de la

---

[1] Dans nos citations, nous éviterons de reproduire les nombreuses
fautes d'orthographe et même de style qui émaillent les procès-
verbaux.

Loire, on lit qu'il s'agit d'un établissement nécessaire particulièrement à l'instruction du peuple : « tel est le prin-
« cipal but des sociétés populaires; notre devoir le plus
« précieux est de travailler pour le bonheur commun. »
(Séance du 6 floréal an II.)

Cette même idée se retrouve dans un discours prononcé, à la séance du 8 floréal, par un des membres, discours
« tendant à ranimer le zèle de la société. » L'orateur
« développe plusieurs idées par lesquelles il fait sentir que
« le principal but des sociétés populaires est d'instruire le
« peuple et de donner le ton à l'esprit public. » (Ces obser-
vations sont senties, ajoute le procès-verbal.) A la suite de ce discours, « on propose l'établissement d'un comité
« d'instruction ; quelques membres, en appuyant cette
« proposition, y font un amendement; ils désireraient
« qu'indépendamment des lumières répandues par ce
« comité, il fût fait une invitation aux sociétaires qui
« possédaient l'art oratoire de faire à toutes les décades un
« discours énergique propre à amouvoir (*sic*) les cœurs
« pour la cause de la liberté. On passe à l'ordre du jour
« sur cet amendement motivé sur ce que chaque républi-
« cain devait l'emploi de tous ses moyens au service de la
« République et que les orateurs seraient toujours bien
« reçus à débiter des discours lorsqu'ils respireraient le pur
« intérêt du patriotisme. »

Quelques jours après, le 20 floréal, la Société nommait une commission chargée de s'entendre avec le district pour l'établissement d'une bibliothèque publique.

En dehors de la question d'instruction publique, les sociétés populaires avaient surtout pour objet et pour but de surveiller les autorités et agents de toutes sortes. Elles ne devaient pas, il est vrai, « s'entremettre dans les tra-
« vaux des autorités constituées, n'étant établies que pour
« étendre sans cesse leur surveillance sur ces autorités »
(Séance du 30 thermidor an II). Mais il semble résulter de

la lecture de ses procès-verbaux, que la Société populaire
de Saumur ne se contentait pas de surveiller les autorités
constituées et se permettait de s'entremettre dans leurs
travaux.

En tout cas, on peut affirmer qu'elle était considérée
comme une puissance : aussi était-elle, à propos des questions les plus diverses, consultée par ces autorités qui
reconnaissaient sa véritable et réelle influence. C'est ainsi
qu'on lui communiquait, le 27 floréal, « une invitation
« fraternelle du comité de Salut Public aux Sans-Culottes
« de Saumur, relative aux pertes que les citoyens de cette
« commune avaient éprouvées lors du séjour que les *bri-
« gands* y ont fait. »

Les administrateurs du district de Saumur, en annon-
çant à la Société, le 21 thermidor, pour le lendemain, le
commencement de la vente des immeubles ayant appartenu
aux émigrés, « invitaient les membres à y assister pour
« donner plus de confiance à ces premières adjudications
« et exciter par leur zèle les enchérisseurs et à procurer
« un début avantageux à la République. » A cette demande,
la Société répondait « qu'elle concourrait, avec tout le zèle
« et le républicanisme qui l'animent, à porter dans les
« ventes ce degré de faveur propre à procurer le plus
« grand avantage à la République. »

Un citoyen « envoyé dans le district par commission
« émanée de la Convention Nationale, en qualité d'officier
« de police militaire pour juger les militaires détenus qui
« se trouvent dans les prisons et maisons d'arrêt, » ne
croyait pas pouvoir se passer du concours de la Société.
Aussi, demandait-il « à s'entourer des autorités constituées
« et de la Société populaire pour, de concert avec elles,
« coopérer à faire triompher l'innocence et à punir les
« coupables » (Séance du 28 thermidor an II).

Dans une autre circonstance, « les officiers municipaux
« de la commune font part à la Société que la commission

« de santé vient de leur faire passer plusieurs billets
« cachetés ; comme *ces billets ne doivent être ouverts*
« *qu'en présence de deux membres de la Société popu-*
« *laire*, les officiers municipaux invitent la Société à
« nommer les deux membres qui se transporteront à la
« maison commune pour être présents à cette ouverture »
(Séance du 30 thermidor an II).

« Le représentant du peuple près l'armée de l'Ouest,
« Gujardin, demande à la Société des renseignements
« et des *instructions* sur les états-majors qui ont conduit
« la guerre de la Vendée ainsi que sur tous les chefs de
« corps et officiers, les employés dans les subsistances et
« charrois militaires. Comme il est aussi chargé de
« former un *Comité de surveillance* dans le chef-lieu
« du district, d'après la loi, il désire que la Société lui
« indique les citoyens dont la moralité, les vertus et le
« civisme soient connus pour remplir dignement ce poste,
« d'où dépendent le bonheur et la tranquillité publique »
(Séance du 2 vendémiaire an III).

Enfin, à la demande du même représentant du peuple,
la Société est consultée et invitée à se prononcer *franche-*
ment et républicainement sur le compte d'un citoyen qui
réclamait un certificat de civisme (Séance du 5 vendémiaire an III). [1]

La surveillance que la Société populaire de Saumur
s'arrogeait ainsi le droit d'exercer sur les autorités, avait
de nombreuses occasions de se manifester. Car, à chaque
instant, la Société recevait des dénonciations de toutes

---

[1] Ajoutons que les artistes du théâtre offraient des billets aux
membres de la Société à l'effet de « surveiller les pièces qu'ils
« jouaient et les remettre dans leur chemin si les pièces jouées ne
« respiraient pas la vraie doctrine républicaine » (20 germinal an II).
A ce sujet, on lit dans l'ouvrage de Blordier-Langlois, sur *Angers*
et le département de Maine-et-Loire : « Le répertoire du spectacle
« était, en ces temps, borné aux pièces empreintes du républicanisme
« le plus exalté. Le Comité révolutionnaire d'Angers enjoignit au
« directeur de ne donner que les tragédies de Guillaume Tell, de
« Spartacus, de Brutus, de Caïus Gracchus... » (I, p. 330).

sortes, dont l'examen employait une grande partie de ses séances : dénonciations contre les autorités civiles ou militaires, contre les généraux chargés de diriger les guerres de la Vendée (séance du 30 germinal) [1], contre les agents municipaux qui ne se préoccupaient pas suffisamment, paraît-il, des questions de subsistances ou de salubrité et ne faisaient pas respecter la loi du *maximum*, contre des membres de la Société dont le civisme laissait à désirer, etc...

En présence des nombreuses dénonciations dont elle était ainsi saisie, la Société décidait « que toutes pièces « originales qui contiendraient des dénonciations seraient « renvoyées au Comité révolutionnaire, après les avoir « copiées attentivement sur les registres, fondé sur ce que « le Comité révolutionnaire est autorité compétente et qu'à « lui seul apartiennent les titres originaux des dénoncia- « tions pour en poursuivre les auteurs (?), au lieu qu'une « société populaire n'est instituée dans cette partie que « pour recueillir des faits, surveiller les mauvais citoyens « et en investir (*sic*) les autorités constituées » (Séance du 22 floréal an II) [2].

---

[1] Le 9 février 1794, dans une séance au club des Amis de la Constitution à Angers. le représentant Baudin, commissaire du pouvoir exécutif, ne craignait pas de traiter la plupart des généraux de traîtres, de lâches, d'ivrognes ou d'ignorants. (Blordier-Langlois I, 227.)

[2] Le Comité révolutionnaire de Saumur avait été créé, le 1er juillet 1793, par les représentants du peuple qui formaient à Saumur une commission centrale. D'après eux, il était « destiné à éclairer « la conduite des mauvais citoyens, à découvrir les intelligences « qui ont pu et qui peuvent exister entre les habitants de cette ville « et district et les rebelles, et les actes d'incivisme faits par quelques- « uns d'eux ; à mettre à cet effet en état d'arrestation tous les indi- « vidus prévenus de ce crime et à en donner communication aux « représentants du peuple. » (Blordier-Langlois, I, 296.)
Au cours de messidor an II, trois des membres de ce Comité révolutionnaire furent traduits au tribunal de Paris en vertu d'un décret de la Convention. Ils demandèrent à la Société des *certificats de conduite* qu'elle ne crut pas pouvoir ou n'osa pas leur donner (séance du 30 messidor). Un mois après, Simon, accusateur public près le tribunal criminel du département de Maine-et-Loire (ce nom ne figure pas sur la liste des accusateurs publics donnée par Bodin dans ses *Recherches historiques sur l'Anjou*, Angers, II), annonçait à

Les Sociétés populaires étaient nombreuses en France et ne restaient pas inactives, si l'on s'en rapporte à un discours prononcé à la Convention, sous le titre ironique : *Les crimes des Sociétés populaires*, « ouvrage dont le contenu « développe les grands services que les Sociétés populaires « ont rendus à la liberté. » (Séance du 17 brumaire an III).

« Les Sociétés populaires ont consommé notre étonnante « Révolution, » disait le procureur général syndic, le 11 octobre 1793, dans la séance d'installation des nouveaux membres du Directoire du département de Maine-et-Loire; « c'est à elles que nous sommes principalement redevables « de la conquête de notre liberté. » (Blordier-Langlois, II, p. 375.)

Ces sociétés correspondaient souvent entre elles et presque à chaque séance on trouve des lettres et adresses échangées entre la Société de Saumur et d'autres sociétés semblables [1]. Mais plus tard la loi du 25 vendémiaire an III, 16 octobre 1794, prohiba toute correspondance entre les Sociétés populaires : « Toutes affiliations, agré-

---

la Société que les membres du Comité révolutionnaire étaient réintégrés dans leurs fonctions (séance du 30 thermidor).

Un comité de surveillance et révolutionnaire avait été également formé à Angers le 8 juillet 1793. Blordier-Langlois donne à son sujet des détails curieux (I, p. 313) : il cite notamment l'arrêté portant création de ce comité qui, aux termes de l'article 2, devait employer « tous les moyens pour se procurer des renseignements « sur tous les individus soupçonnés de rébellion, de trahison, d'in- « civisme notoire et de dispositions contre-révolutionnaires. » Ces comités devaient disparaître en vertu de la loi du 21 ventôse an III (11 mars 1795).

[1] Blordier-Langlois a consacré un chapitre entier à l'histoire des deux Sociétés populaires d'Angers : le *club de l'Est*, ou des *Amis de la Constitution*, et le *club de l'Ouest*, ou des *Amis de la Liberté et de l'Egalité*, qui prit plus tard, sur le conseil de la Société des Jacobins de Paris, le titre de *Défenseurs des droits de l'homme*. Le 22 mars 1794, un arrêté des représentants du peuple près l'armée de l'Ouest supprima le club de l'Est, jugé trop modéré, et maintint comme seule société populaire la Société des Défenseurs des droits de l'homme, en l'invitant à ne recevoir dans son sein que des *sans-culottes*. C'était du reste une véritable puissance qui imposait sa volonté aux administrateurs de la ville (Blordier-Langlois, t. I, liv. iv).

« gations, fédérations ainsi que toutes correspondances en
« nom collectif entre Sociétés, sous quelque dénomination
« qu'elles existent, sont défendues comme subversives du
« gouvernement et contraires à l'unité de la République »
(art. 1).

La réputation de la Société populaire de Saumur était
telle que d'autres sociétés sollicitaient l'honneur de lui être
affiliées. C'est ainsi que la Société de Doué « témoigne son
« désir d'être unie avec elle par les doux liens de la frater-
« nité, pénétrée du principe que c'est dans l'union, dans
« l'harmonie sociale que réside le vrai bonheur » (Séance
du 26 germinal an II).

Mais la Société de Saumur n'accueillait ces demandes
qu'avec réserve et prudence. Affiliée aux Jacobins de Paris,
elle se préoccupait de savoir si ces sociétés étaient elles-
mêmes affiliées aux Jacobins ; elle examinait avec un soin
scrupuleux la liste de leurs membres et les invitait « à
« s'épurer en ne comprenant pas dans leurs listes les
« nobles qui sont exclus de droit par la loi, ni les prêtres
« qu'elle-même n'a pas admis dans son sein (Séance du
11 prairial an II).

Cette préoccupation de n'admettre dans son sein que des
citoyens d'un civisme à l'abri de tout soupçon se manifeste
à maintes reprises. Aussi voyons-nous la Société populaire
de Saumur procéder à plusieurs épurations successives.

Le 15 floréal an II, à propos d'une discussion sur des
procès-verbaux rédigés de façon à compromettre la Société,
celle-ci « par un mouvement spontané a demandé avec
« empressement sa dissolution et sa régénération,
« convaincus (*sic*) que s'il n'existait pas à proprement
« dit des intrigants parmi eux, au moins existe-t-il des
« âmes tièdes qui nuisent aux progrès de la chose
« publique. La demande d'épuration est accueillie avec
« transport. La Société est entièrement dissoute ; cependant
« il restera un noyau formé de neuf membres des plus

« chauds patriotes qui seront désignés par le président,
« qui se réuniront le 18 floréal au temple de la Raison et
« nommeront eux-mêmes les membres qu'ils jugeront
« dignes de leur être adjoints. »

Le 18 floréal, a lieu la réunion de ces neuf membres
« formant actuellement le noyau de la *Société populaire*
« *montagnarde révolutionnaire* de Saumur. » L'un
d'eux, « avant de présenter au peuple la liste des membres
« nommés pour leur être adjoints et composer la Société
« populaire, fait un rapport contenant le détail franc et
« républicain des motifs qui les ont déterminés dans leur
« nomination. » Suit la liste des cent sept nouveaux
membres.

Le président, après avoir invité ceux-ci à prendre
séance, « fait un discours où il peint en traits de feu ce
« que peuvent sur les mœurs les Sociétés populaires et
« l'avantage immense qui résulte de l'esprit public de leur
« composition saine. »

Ce discours très curieux mérite d'être reproduit :

« Citoyens,

« Un nouveau jour nous luit et les rayons de la lumière
« qui nous éclaire doivent pénétrer nos cœurs de son feu
« vivifiant et régénérateur. Soyons donc tous animés des
« mêmes sentiments; ne formons pour ainsi dire qu'une
« âme dont les intentions concordantes et dirigées avec
« intensité arrivent au même résultat, le bonheur général.
« Considérons nos hautes destinées et jouissons par le
« bien que nous pourrons opérer de celui que le genre
« humain peut se promettre du grand œuvre de la Révo-
« lution. Que chacun de nous se montre jaloux d'y
« coopérer de tous ses moyens. Abandonnons tout pour ne
« voir que la République; ne regardons point derrière
« nous, ou autrement craignons de réaliser cette fable

« consignée dans l'ancienne Écriture et de tomber dans
« un état de stupeur pire que la mort.

« Quel beau jour, citoyens, pour chacun de nous, que
« celui où nous verrons ce vaisseau de la République
« voguer sur une mer tranquille, importer et exporter
« partout les fruits de l'arbre de la liberté, sans être
« contrarié par les vents de l'immoralité et de pouvoir dire
« que nous avons travaillé à en assurer la marche et à la
« mettre à l'abri des tempêtes ! Nous sentirons alors
« combien il est doux de faire le bien et qu'on partage
« celui qu'on procure à ses frères !

« Mais qu'il ne nous suffise pas d'être membres de cette
« Société ; persuadons-nous bien qu'on ne méritera d'y
« rester attachés qu'autant qu'on n'aura rien négligé pour
« assurer le triomphe de la République et qu'on comptera
« pour rien tout ce que nous aurons fait, s'il nous reste
« encore quelque chose à faire.

« Imitons les abeilles, image fidèle d'une République et
« chassons les paresseux !

« En nous établissant sentinelle pour déjouer les
« manœuvres perfides de nos ennemis intérieurs, armons-
« nous de courage, saisissons-les corps à corps ; marchons
« de front avec nos braves frères d'armes ; mais pour y
« réussir imposons-nous l'obligation sévère de nous sur-
« veiller mutuellement, et s'il est encore parmi nous
« quelques hommes froids, indifférents, ou dont les
« sentiments paraissent douteux, ayons le courage de les
« dénoncer. Que dis-je ? le courage ; c'est un devoir que
« nous remplirons ; la moindre indulgence pourrait être
« préjudiciable au but que nous devons nous proposer.

« Citoyens, soyons surtout scrupuleux observateurs des
« principes propagés par la Convention ; qu'il n'existe
« parmi nous que des hommes probes et vertueux ; nous
« voulons instruire nos frères : prêchons d'exemple. Assu-
« rons-les et peignons-leur qu'une République est une

« famille dont tous les membres font respectivement leur
« bonheur, bien différente d'une monarchie, siège de tous
« les vices et dans laquelle tous les hommes sont isolés,
« ne vivant pour ainsi dire que des rapines qu'ils font les
« uns sur les autres et qui sont continuellement en embus-
« cade pour se surprendre et se nuire.

« Puisse donc cette Société ne présenter à l'avenir qu'un
« ensemble digne du nom qu'elle porte. Oui, citoyens,
« nous serons toujours les *Amis de la Liberté et de*
« *l'Égalité;* nous suivrons par propension les sentiers qui
« nous sont tracés par la nature et, en admirant ses effets
« qu'elle semble avoir combinés pour prévenir nos besoins
« en nous offrant une récolte si précoce qu'on peut l'ap-
« peler révolutionnaire, nous seconderons ses intentions,
« et, fussions-nous réduits au plus petit nombre possible,
« j'ai l'assurance que ce qu'il en restera sera toujours aussi
« prononcé pour défendre avec énergie les droits de
« l'homme et remplir le serment que nous avons fait et
« que nous renouvelons de vivre libres ou mourir! »

Quelques citoyens éliminés protestèrent contre cette
épuration en produisant des « titres justificatifs de leur
patriotisme. » Mais il fut passé à l'ordre du jour par ce
motif « que la Société a le droit de s'épurer sans en rendre
« compte à personne » (Séance du 20 floréal). Un membre
ayant critiqué cette mesure de censure prise contre plus de
moitié des membres de la Société, sa pétition fut regardée
« comme subversive des principes » et la Société le
« répudia de son sein » (Séance du 9 messidor an II).

La Société populaire et régénérée, c'était son nouveau
titre, avait décidé « la réformation de son règlement à
« cause de l'inconvenance et du vice des principes qui y
« étaient adoptés. » Au cours de la discussion du nouveau
règlement, un membre proposa de déclarer que la Société
s'épurerait tous les trois mois; mais l'ordre du jour fut
adopté, motivé sur ce qu'elle avait le droit de s'épurer à
tous les moments.

Plus tard la discussion se rouvrit sur le caractère et l'étendue de la mesure d'épuration prise en vertu de l'arrêté du 15 floréal. Il en résulta que les membres formant le noyau épurateur n'avaient pas entendu exclure définitivement les anciens sociétaires non choisis par eux, qu'ils ne les avaient que suspendus et écartés provisoirement comme n'étant pas suffisamment connus : ceux-ci avaient donc le droit de se représenter et de demander leur réintégration en justifiant de leurs titres pour être admis de nouveau dans la Société. En conséquence, l'arrêté du 15 floréal fut rapporté, « tous les anciens membres ayant « la faculté de rentrer dans le sein de la Société pour ne « plus former qu'une seule réunion de frères et amis » (Séances des 19 thermidor, 5 et 14 fructidor). Un membre, ayant fait observer que la Société ne pouvait plus dès lors se dire *régénérée*, proposa une nouvelle épuration qui fut décidée et exécutée (17 et 28 fructidor).

Cette seconde épuration ne devait pas encore être jugée suffisante et elle fut suivie d'une troisième, mais celle-ci ordonnée par le représentant du peuple. Le 5 brumaire an III, « une lettre de l'agent national du district appelait « l'attention de la Société sur la formation du tableau de « ses membres conformément à la loi du 25 vendémiaire » [1].

A la suite de la confection de ce tableau, un arrêté du représentant du peuple Menuau prescrivit « aux membres « de la Société de procéder sans délai à l'épuration de tous « les membres composant les précédentes Sociétés, » et désigna les trente premiers membres d'une nouvelle Société populaire. Ceux-ci procédèrent en conséquence à l'épuration ordonnée et, après un appel nominal, dres-

---

[1] La loi du 25 vendémiaire an III prescrivait en effet à chaque société de dresser le tableau de tous les membres qui la composaient, avec la date d'admission, et d'en adresser copie aux agents nationaux du district et de la Commune (Art. 5 et s.).

sèrent le tableau des membres, au nombre de 165, composant la Société populaire et régénérée (3 pluviôse an III). Quelques jours après, dans la séance du 10 pluviôse, « le représentant du peuple rompt le silence ; il manifeste « sa joie de voir la Société nombreuse, et si, dit-il, « quelques individus en ont été éloignés, il espère que « ramenés dans les principes de leurs concitoyens, ils y « pourront rentrer et ne formeront plus qu'une Société de « frères [1]. »

Nous avons vu que la Société ne voulait admettre dans son sein ni les ci-devant nobles, ni les prêtres ; (un arrêté même avait été pris « pour qu'il ne fût plus parlé de prêtre « en aucune manière » — Séance du 22 germinal). Une des principales préoccupations de la Société était de faire disparaître tous vestiges de l'ancien régime. Elle était encouragée dans cette voie par l'administration du district qui, à la date du 4 prairial, lui écrivait une lettre « rela- « tive à l'*anéantissement des signes de royalisme et de* « *féodalité* [2]. » Cela était poussé à un tel point que le rédacteur d'un procès-verbal ayant, sans nul doute par mégarde, employé le mot *noble* pour qualifier la conduite des personnes qui, « par vertu et par patriotisme, se « dévouent à soigner les malades et les blessés », ce mot fut, à une séance ultérieure, biffé comme expression contre-

---

[1] Quelques mois après, les Sociétés populaires furent supprimées en vertu du décret du 23 août 1795 : « Toute assemblée connue sous « le nom de club ou de Société populaire est dissoute... »

[2] Les représentants du peuple avaient substitué sur les clochers des bonnets de liberté aux croix, signes de fanatisme (Blordier-Langlois, I, 443).

N'y a-t-il pas là un rapprochement à faire avec la campagne dirigée de nos jours contre les signes de la religion ? Le gouvernement, sous prétexte de neutralité et de laïcisation du mobilier scolaire, fait arracher les crucifix des écoles ; au nom de la liberté, il enlève les croix érigées dans les cimetières sur les monuments de souvenirs. Pendant ce temps, les disciples de la dynamite brisent et mutilent les croix élevées dans les campagnes et veulent ainsi tenter d'anéantir ces signes de foi et de religion !

révolutionnaire (Procès-verbal de la séance du 4 floréal an II [1]).

Dans la séance du 21 thermidor, sous l'influence de cette même idée, « un jeune citoyen, Henri G..., concevant « déjà dans son jeune cœur, des regrets de porter le nom « d'un tiran, demande à changer le prénom d'Henry et « demande à la Société qu'elle veuille bien lui en dénommer « un autre qui puisse lui rappeler sans cesse les vertus « républicaines, en assurant qu'il fera ses efforts par sa « conduite pour ne jamais démentir le titre glorieux de « républicain. La Société applaudit à cette énergie nais-« sante; elle lui donne le nom de Barra, de ce jeune « martyr de la liberté, âgé de quinze ans, qui, assailli par « une troupe de brigands, aima mieux mourir que de se « rendre, et avec lui son cheval et ses armes. »

Le même esprit animait les Sociétés populaires en correspondance avec celle de Saumur. Une adresse de la Société de Poitiers à la Convention réclame « la déportation des « *prêtresses de la discorde*, les femmes des émigrés « détenues ». Par son attention à la lecture de cette adresse, par ses applaudissements, la Société de Saumur y donnait son adhésion (Séance du 30 germinal). La même Société de Poitiers envoyait plus tard à la Convention une autre adresse « relative à la mauvaise composition des « comités de surveillance dans les campagnes, sollicitant « qu'ils fussent salariés par le moyen d'une taxe imposée « et proportionnée sur les biens des hommes égoïstes, « inciviques, modérés et suspects » (29 prairial an II).

On redoutait beaucoup les *faux patriotes* [2] et les Sociétés s'invitaient mutuellement à redoubler de surveillance et en

---

[1] Le 28 thermidor an II, sur la plainte d'un membre se disant offensé d'entendre les comédiens prononcer en s'adressant au peuple le mot *Messieurs*, « mot qui dans un gouvernement républicain ne « devait jamais se prononcer et surtout publiquement, » la Société envoya deux commissaires à la municipalité pour rappeler les comédiens aux principes.

[2] Lettre de la Société d'Agen lue à la séance du 11 messidor an II.

même temps de zèle en faveur de la Révolution. Une lettre de la Société populaire de la Charité-sur-Loire (27 germinal), « présente de grandes vérités sur les employés dans les « différents bureaux; elle tonne sur la foule des *Muscadins* « qui les composent, sur toutes les espèces de gens suspects « dont l'oisiveté serait préférable à leur activité perfide, « n'étant capables que de contribuer à entraver la marche « du gouvernement révolutionnaire. »

Une adresse de la Société de Lorient « invite la Société « populaire de Saumur à faire propager les vertus et faire « aimer la Révolution dans les campagnes. La Société « applaudit vivement à cette adresse, et pour suivre cet « exemple, un membre propose le renvoi de l'adresse à « son comité de correspondance à l'effet d'indiquer à la « Société les membres qui pourraient se charger d'aller « dans les campagnes pour éclairer les citoyens et les « porter à l'amour du bien public, première base de toute « association politique, leur faire connaître les nouveaux « bienfaits que la Révolution leur offre et les éclairer sur « leurs devoirs envers la patrie » (24 vendémiaire an III).

La Société populaire de Saumur avait d'abord tenu ses séances dans « l'églize des cy-devant Capucins [1]. » Puis en raison de l'éloignement, elle s'était transportée dans la ci-devant église de Saint-Pierre, devenue le temple de la Raison. « Malgré l'incommodité du local, le peuple et les « sociétaires s'en contentaient; lorsque parut l'adresse du « comité de Salut Public pour la fabrication du salpêtre, « l'invitation aux Sociétés populaires de fouiller [2] le lieu

---

[1] L'église des Capucins, détruite, était dans le quartier des Ponts.

[2] Avant de faire venir le salpêtre de l'Inde ou de l'Égypte, on ne s'en procurait qu'en opérant sur les anciens matériaux de construction, notamment sur les vieilles pierres de tuffeaux salpêtrées. On les recherchait de tous côtés; les fouilles ordonnées dans les églises avaient évidemment ce but. Voir d'ailleurs note *infra* sur la fabrication du salpêtre, deuxième article.

« de leurs séances fut écoutée avec enthousiasme ; la voix
« de la patrie menacée retentit dans tous les cœurs ; tout
« fut oublié pour le grand intérêt, l'extermination des
« tirans, et dans peu de jours le lieu des séances devint un
« atelier de salpêtre. » Depuis lors, la Société siégeait dans
la salle des séances de la municipalité (Séance du 6 floréal
an II). Mais ce local était insuffisant et du reste l'administration municipale ne pouvait continuer à prêter son
unique salle. La Société dut donc se préoccuper de trouver
« un nouvel établissement. » Un membre lui avait fait
l'offre du petit Jeu de Paume dont il était propriétaire [1].
Mais il y avait des réparations coûteuses à faire et les fonds
manquaient. Aussi, le 6 floréal an II, la Société populaire
et révolutionnaire rédigea une adresse aux représentants
du peuple près l'armée de la Loire, dans laquelle elle expo-
sait la situation : « les sociétaires, y est-il dit, sont animés
« du plus grand zèle ; mais les moyens leur manquent ; ils
« ne sont pas riches, ils sont tous de vrais sans-culottes.
« Ils ne vous parleront point, citoyens représentants, des
« sacrifices qu'ils ont faits depuis un an pour la malheu-
« reuse guerre de la Vendée ; l'espoir certain de voir dispa-
« raître sous peu devant nos armées cette troupe de
« brigands fait oublier avec plaisir tout intérêt personnel.
« Mais nous avons lieu de croire que la Convention viendra
« à notre secours pour faire un établissement qui est
« nécessaire particulièrement à l'instruction du peuple. »
La Société sollicitait en conséquence un secours de
15,000 livres, à prendre sur « les revenus des biens des
« émigrés et de ceux qui seront conservés en arrestation. »
Un membre avait demandé que cette adresse fût « appuyée
« des autorités constituées. » Mais on passa à l'ordre du
jour par ce motif que « de telles adresses n'ont pas besoin
« d'autre sanction que de celle du peuple dont les autorités

---

[1] Ce Jeu de Paume était situé entre la salle de spectacle et la rue
Saint-Jean.

« constituées elles-mêmes font partie intéressée dans ces
« circonstances. »

Cette demande de fonds ne reçut pas, paraît-il, un
accueil favorable. Car, au cours de brumaire an III, nous
trouvons encore soumises aux délibérations la question des
réparations à faire au local du Jeu de Paume (évaluées à
21,264 livres) et la rédaction d'une pétition à l'effet de
solliciter les fonds nécessaires. Cette pétition fut présentée
à Angers aux représentants du peuple qui émirent l'avis de
reprendre « le temple de ci-devant Pierre », ce local étant
plus commode pour l'installation de la Société, en même
temps que celle d'un Muséum, et de transporter l'atelier
de salpêtre à la ci-devant église de Nantilly, promettant du
reste de fournir l'argent nécessaire. En conséquence, la
question fut remise à l'étude : le manuscrit ne dit pas
comment elle fut plus tard résolue (Cf. séances des 3, 5, 6,
7 et 8 brumaire an III).

Les séances se tenaient plusieurs fois par semaine, dans
la soirée ; elles étaient publiques et les citoyens des tribunes
étaient quelquefois, mais rarement, admis à prendre part
aux discussions [1].

Les sociétaires n'étaient pas, paraît-il, très assidus aux
séances : car on retrouve souvent trace des plaintes élevées
contre leur négligence et leur défaut de zèle. Le 9 prairial
an II, une motion est faite « pour rappeler aux membres
« absents combien il est honteux pour eux de ne pas
« assister plus exactement aux séances. » Les 23 et 24 du
même mois, des mesures répressives sont arrêtées contre
les membres qui font preuve d'insouciance en ne fréquentant
pas la Société. Mais dès le lendemain les arrêtés « contenant
« ces mesures de coercition » sont rapportés à la suite de

---

[1] Un article du règlement défendait aux sociétaires de parler le
chapeau sur la tête. Mais cette disposition fut rapportée comme
contraire aux principes de la liberté (Séance du 5 ventôse an III).

2

longs débats. Enfin, après de nouvelles plaintes conrtre
la négligence des Sociétaires et sur l'observation
d'un membre qui dit « que les séances trop multipliées
« empêchent les citoyens d'y venir en aussi grand nombre
« que si elles étaient moins répétées », la Société arrête
qu'elle ne tiendra plus ses séances que les quintidi et
décadi (5 pluviôse an III).

Nous avons vu que les ressources de la Société étaient
très restreintes. Dès le 12 thermidor an II, on est réduit à
discuter les moyens de payer les dettes de la Société et on
adopte « la mesure d'aller dans le cours de la décade chez
« le trésorier souscrire sa cotisation volontaire. » Cette
mesure ne fut pas sans doute exécutée avec beaucoup
d'empressement. Car, le 8 brumaire an III, « le trésorier
« observe que ses dépenses s'augmentent journellement
« et qu'il se trouve absolument sans fonds ; il invite la
« Société à lui fournir les moyens d'acquitter ses dettes ; il
« dit en outre qu'il n'a reçu que de 64 sociétaires. La
« Société arrête que le trésorier est invité d'écrire aux
« sociétaires qui n'ont pas encore satisfait à leurs devoirs. »
Le passif dépassait 2,300 livres.

Le 22 brumaire an III, on décide que le trésorier dres-
sera « un tableau comparatif de ceux qui ont contribué
« proportionnellement à leurs facultés et y ajoutera les
« sociétaires en retard de satisfaire à cette dette sacrée. »
Malgré tous ces appels, la caisse reste vide. Il faut aviser
« aux moyens de payer les dettes : plusieurs membres
« rappellent que la Société a des objets qu'elle pourrait
« vendre et dont le prix pourrait contribuer à acquitter ses
« dettes, savoir un habit d'uniforme et une selle... Il est
« arrêté que l'habit d'uniforme rentrera dans les magasins
« du district pour recevoir le prix de sa valeur et que la
« selle sera vendue... La discussion s'ouvre sur le mode
« qu'on employera pour faire payer ceux qui n'ont rien
« donné pour les dépenses de la Société ; mais sur la propo-

« sition d'un membre, il est arrêté qu'il sera imprimé des
« bulletins qui rappelleront à chaque individu : *tu n'as
« payé qu'une fois ou point du tout !* » (Séance du
« 30 pluviôse an III.)

Les délibérations de la Société portaient sur les sujets les
plus divers. A chaque séance, on donnait d'abord lecture
des bulletins de la Convention nationale des *papiers-
nouvelles*, des adresses, de la correspondance, etc...

Les bulletins apportaient les nouvelles des opérations
militaires sur les frontières du Nord-Est ou dans les Pyré-
nées-Orientales. L'annonce « des victoires remportées par
« les armées de la République contre les tyrans coalisés »
excitaient toujours beaucoup d'enthousiasme. Le 14 messidor an II, « la Société se lève spontanément en entendant
« le récit de la défaite des Anglais dans les champs de
« Fleurus et témoigne la joie qu'elle ressent de l'extinction
« de ces ennemis de l'humanité. Un membre propose qu'en
« réjouissance des succès éclatants que nous remportons
« chaque jour, il soit fait aussitôt une *promenade civique*
« avec le drapeau de la Société dans toute l'étendue de la
« commune, et que les artistes de musique présents à la
« séance soient invités à y assister avec leurs instru-
« ments (!) Cette proposition est adoptée aux acclamations.
« Une citoyenne, sur le vœu de la Société, monte à la
« tribune et chante l'hymne : *Quels accents ! quels trans-
« ports !...*[1]. On se dispose à se mettre en marche et jusqu'au
« retour l'air retentit de chansons patriotiques et des cris
« de : Vive la République, vive la Convention nationale ! »
A la séance du 8 floréal an II, on lit « une feuille inti-
« tulée le *Sans-culotte*[2], qui offre le plus grand intérêt

---

[1] *La Versaillaise*, composée en 1793.

[2] Cette feuille était probablement publiée à Paris. Il y avait eu
dans l'Ouest un journal portant ce titre, mais il paraît avoir cessé sa
publication vers la fin de 1793.

Le 6 mai 1792, les vicaires de l'évêque constitutionnel de Laval

« par rapport à son article sur la Pologne. On y annonce
« un mouvement révolutionnaire de la part du peuple
« polonais. Las d'appartenir à trois tirans qui se le sont
« indignement partagé, il paraît ne vouloir plus appar-
« tenir qu'à lui seul, en prenant un élan vigoureux vers
« la liberté, et comme rien n'est fait pour résister à
« l'énergie qu'elle développe, il est à croire qu'à titre de
« représailles, ce ne sera plus un peuple au pouvoir de
« trois despotes, mais trois despotes au pouvoir d'un
« peuple. » Cette nouvelle était accueillie par les applaudissements des sociétaires qui témoignaient ainsi que « les
« Polonais étaient déjà leurs amis par leur seule intention
« de briser le joug de la triple tirannie qui les enchaî-
« nait. »

Lecture était également donnée des principaux rapports
adressés à la Convention. Nous n'en citerons que quelques-
uns : le rapport de Saint-Just, « relatif à la police géné-
« rale, à la justice, au commerce, à la législation et aux
« crimes des factions » ; celui de Grégoire sur le *Vanda-
lisme*, « qui fait connaître l'importance de conserver les
« monuments des arts et des sciences [1] » ; le *sublime* rapport de Maximilien Robespierre sur les idées religieuses et
morales ; celui de Grégoire, « sur la nécessité et les
« moyens d'anéantir le patois et d'universaliser l'usage de
« la langue française..... »

Les lectures sur les sujets les plus variés se succédaient
sans interruption, à en juger par le compte-rendu de la
séance du 25 floréal an II : « Le Président continue la lec-

---

avaient commencé à publier un journal hebdomadaire « *Le Patriote
de la Mayenne* ». qui, à partir du n° 49, à la date du 6 avril 1793,
prit le titre de « *Sans-culotte de la Mayenne* ».

Le rédacteur de cette feuille, le vicaire épiscopal Rabart. d'opi-
nions très jacobines, étant mort en combattant les Vendéens. lors
de l'occupation de Laval en octobre 1793, le journal cessa de
paraître.

[1] De nos jours, Grégoire n'eût certes pas approuvé le projet de
destruction de la Porte Saint-Georges à Nancy.

« ture de différentes annonces, tel qu'un rapport de Robes-
« pierre sur les rapports des idées religieuses et morales
« avec les principes républicains et sur les fêtes nationales,
« instruction sur la culture de la carotte, du navet et de la
« betterave (!) etc..... »

Puis venaient les proclamations de la Convention sur la
découverte des conspirations, telles que celle d'Hébert et
surtout les bulletins relatifs à la *trahison* de Robespierre.
« Une lettre du représentant du peuple, en date du 10 ther-
« midor, (est) confirmative de l'infâme trahison de Robes-
« pierre et de ses complices. Ces scélérats, dit-il, n'existent
« plus et la République est encore une fois sauvée. Un
« membre s'élève et dit que c'est le moment où il faut que
« les patriotes se rallient et se resserrent plus étroitement
« que jamais. Il demande que toute la société réitère son
« serment de vivre libre ou mourir ; et aussitôt, d'un mou-
« vement spontané, la société se lève et prononce forte-
« ment le serment qui se termine par les cris plusieurs
« fois répétés de vive la République ! Vivent tous les sin-
« cères amis de la liberté ! Périssent tous les traîtres et
« tous les factieux ! » (Séance du 12 thermidor an II).

La Société arrête ensuite qu'elle se tiendra en perma-
nence jusqu'à nouvel ordre ; elle invite la municipalité à
exercer une surveillance extraordinaire et aussi « tous les
« citoyens des tribunes à l'aider dans les soins actifs qu'elle
« prendra à déjouer tous les complots des malveillants qui
« peuvent tenir aux ramifications de cette odieuse faction. »
Le procès-verbal de la séance du 14 thermidor porte ceci :
« les bulletins de la Convention ont annoncé la plus grande
« victoire que la République ait encore remportée par la
« découverte de la trahison la plus abominable. Robes-
« pierre, scélérat insigne, a déjà, avec un grand nombre
« de ses complices, disparu sous le glaive de la loi. Le
« peuple toujours avide des grandes nouvelles qui inté-
« ressent la chose publique, s'était rendu en foule dans

« cette enceinte ; il a manifesté l'indignation que lui avait
« fait éprouver l'horreur du crime, en applaudissant à la
« conduite vigoureuse de la Convention dans cette affreuse
« circonstance. »

La *Permanance* (*sic*) de la Société populaire fut levée à
la séance du 21 thermidor, « à l'exemple même de la Convention nationale. »

On peut affirmer que l'objet le plus intéressant des correspondances reçues par la Société était la guerre de la
Vendée. La proximité du théâtre de la guerre, les souvenirs des événements qui s'étaient passés en 1793 à Saumur
même, tout contribuait à donner un très grand intérêt aux
péripéties de cette lutte qui durait déjà depuis longtemps.
La Société populaire de Saumur se préoccupait, ainsi du
reste que le faisaient les sociétés populaires des autres
contrées, de la prolongation de cette guerre et des moyens
à employer pour y mettre un terme. « La Société des
« *Défenseurs des droits de l'Homme*, à Angers[1], prenait
« de grandes mesures pour avoir tous les renseignements
« possibles sur la guerre de la Vendée et des Chouans,
« ainsi que sur les causes de sa prolongation. »
La société de Saumur était d'ailleurs tenue le plus souvent au courant des moindres événements, soit par des
correspondances « des païs frontières de la Vandée (*sic*)
« qui ne craignent plus les invasions des *brigands* »
(Séance du 15 floréal an II), soit par des récits faits aux
séances par des témoins oculaires, tel que celui d'un
citoyen de Cholet « qui n'a cessé de marcher contre les
« rebelles » (20 floréal), soit par des lettres des généraux eux-
mêmes, comme celle du général Boucret lue à la séance du
26 germinal, lettre « terminée par ce refrain patriotique :
« Ça ira, vive la République ! » Aussi les procès-verbaux

---

[1] Voir note 1, page 7.

révèlent-ils des détails curieux. C'est ainsi que « la corres-
« pondance d'Airvaux du 26 germinal annonce de la part
« des citoyens de cette commune des merveilles ; ils se
« sont unis aux hussards et aux cavaliers de la légion du
« nord pour charger des brigands qui s'étaient portés sur la
« commune de Boussais, en avaient déjà abattu l'arbre de la
« liberté et enlevé les chevaux, les mules et les mulets. Ils
« ont payé cette audace en laissant derrière eux, étendus sur
« la poussière, vingt d'entre eux du nombre de 150 scélérats
« qu'ils étaient ; trois de leurs cavaliers, hachés par nos
« braves hussards, ont laissé leurs chevaux en notre pou-
« voir. Parmi les morts, on a reconnu un de leurs chefs à
« son chapeau à haute forme orné d'un panache blanc ;
« on a aussi remarqué ses bottes qui étaient superbes (!)
« Cette journée eût été vraiment heureuse si elle ne nous
« eût pas coûté la perte d'un intrépide républicain »
(27 germinal).

Mais, à côté des faits d'armes dont la nouvelle était
accueillie avec enthousiasme, comme la défense du clocher
de Nueil qui fit l'objet d'une « adresse aux représentants
« du peuple, membres du Comité du Salut public, par les
« Sans-Culottes de la Société populaire et révolutionnaire
« de Saumur » (Séance des 10 et 11 floréal) [1], les correspondances annonçaient quelquefois aussi, soit des refus
de marcher de la part de certaines troupes (3 fructidor),
soit des échecs subis par les armées républicaines. Le
récit d'un de ces faits est particulièrement intéressant en
raison des détails et de la narration pittoresque du procès-
verbal : « Le président lit une lettre de Loudun dont les
« détails sont peu consolants sur l'armée de Joba. Il a été
« attaqué à Clisson et mis en déroute. Airvaux ne donne

---

[1] Une collecte patriotique fut même faite le 20 floréal en faveur
d'un des quinze *héros* de Nueil et le produit lui fut remis, avec une
accolade fraternelle, « pour sécher ses larmes et adoucir sa misère
« en attendant que la bienfaisance nationale soit venue à son
« secours. »

« cependant pas de détails ; il dit seulement que les bri-
« gands étaient au nombre de trois mille et cent hommes
« de cavalerie excellente. Ce dernier article n'est pas
« prouvé par la manière dont cette lettre dit que deux
« cents hommes sont arrivés à Thouars et à pied ; ils s'y
« sont rendus en désordre. Démosthènes (?) fameux ora-
« teur, s'est mis à genoux au pied d'un chou dont les
« feuilles agitées par son vêtement l'avaient glacé
« d'effroi (!) Quelques-uns y sont arrivés sans fusils ; l'hu-
« manité des brigands ne leur aurait pas permis de leur
« laisser la vie après les avoir désarmés ; la plupart était
« sans habits, sans bas et sans souliers. La marche des
« brigands n'était donc pas bien accélérée, puisque les
« deux cents braves qui répandirent la terreur dans
» Thouars ont eu le temps de se dépouiller de leurs habits,
« de leurs souliers et, ce qui demande et plus de temps et
« de peine, de leurs bas (!) Ces républicains qui sacrifient
« si aisément leur réputation, car ils y prétendent, et le
« salut public à leur prudence toujours sur le qui-vive, sont
« donc des lâches, des traîtres, des contre-révolutionnaires,
« des crieurs à la trahison, au sauve qui peut, et le défaut
« de nouvelles officielles doit nous tranquilliser. Telles
« furent les réflexions présentées par un membre qui eut
« la satisfaction de les voir goûtées par toute l'assemblée,
« devenue par expérience insensible aux jactances de
« certains patriotes de nom et d'effet, lorsqu'il ne s'agit
« que de bruit et de faire peur aux petits enfants à l'aide
« d'habits déchirés, de longues moustaches et de sabres
« qui font feu sur le pavé ! ! » (Séance du 1er floréal an II).

Il est vrai que ce procès-verbal fut qualifié de dérisoire
à la séance suivante. En conséquence cette partie fut biffée
et remplacée par ces simples lignes : « Une lettre de
« Loudun du 31 germinal annonce que d'abord Joba avait
« battu (?) les brigands, mais qu'il a éprouvé un désa-
« vantage à Clisson ; que deux cents hommes de sa colonne

« se sont rendus à Thouars en désordre ; que cette colonne
« a eu à se battre contre trois mille brigands et cent
« hommes de cavalerie qu'on dit excellente. La corres-
« pondance d'Airvaux ne donne à Loudun aucun détail
« sur cette affaire [1]. »

La conduite des soldats républicains en cette occasion
devait en tous cas rappeler de tristes et cruels souvenirs
aux Saumurois qui avaient encore présents à la mémoire
la déroute des défenseurs de leur ville, le 9 juin 1793.
Voici en effet comment s'exprime sur le compte de ceux-ci
un historien saumurois, J.-F. Bodin, dans ses *Recherches
historiques* sur la ville de Saumur : « Les Saumurois
« étaient dans la consternation ; ils voyaient le désordre et
« l'insubordination dans l'armée chargée de les défendre ;
« les officiers, les soldats abandonnaient leurs postes et
« venaient en foule dans les cabarets, les auberges et les
« cafés, où ils passaient les jours et les nuits dans l'ivresse
« et la débauche » ; et plus loin : « Les fuyards jettent
« leurs armes et même jusqu'à leurs habits et se sauvent
« en désordre de tous côtés sans savoir où ils vont. Ils
« fuient à toutes jambes... Alors toute l'armée républi-
« caine se trouva en déroute complète. » Ce qui n'empêcha
pas, « après cette fuite honteuse », un bataillon de Paris
d'accuser les habitants de Saumur à la barre de la Convention nationale (8 juillet 1793) d'avoir livré leur ville
aux Vendéens [2].

« Si la société populaire de Saumur témoignait de sa
« tendre sollicitude pour les paisibles citoyens des com-
« munes frontières des pays envahis par les brigands »,
qui auraient été, paraît-il, « à tout moment les victimes
« de la rage desdits brigands » et qu'on représente comme

---

[1] Consulter Blordier-Langlois (I. p. 292) sur le courage déployé
par les troupes envoyées contre les Vendéens.

[2] Bodin. — *Recherches historiques sur Saumur et le Haut-Anjou*
II, ch. 47.

« tremblants, pâles, défigurés et réclamant la bienfaisance
« nationale » (Séance du 5ᵉ jour des Sans-Culotides), elle
n'hésitait pas, c'est une justice à lui rendre, à blâmer énergiquement et à flétrir les actes de cruauté commis par les
généraux républicains.

Une lettre, lue à la séance du 12 fructidor an II, fait
« part des cruautés exercées par le général Cordelier qui,
« en passant dans des endroits patriotes où il se trouvait
« beaucoup de citoyens et de citoyennes qui étaient restés
« paisibles dans leurs foyers, les faisait tous égorger avec
« leurs enfants ; des militaires, pour s'être refusés à ces
« actes de barbarie, avaient été fusillés. — La société et les
« tribunes partagent toute l'horreur à la lecture de cette
« lettre et un frémissement d'indignation se manifeste
« dans toute la salle. »

Le procès-verbal de la séance du 12 vendémiaire an II,
porte ceci : « le secrétaire lit un article du *Journal des*
« *Débats* relatif à la guerre de la Vendée ; le tableau peint
« à la Convention nationale sur les horreurs de cette
« guerre, quoique déjà connu en partie par la société, fait
« néamoins frémir d'horreur... .

« Le citoyen G... refugié à Cholet, qui a constamment
« fait la guerre de la Vendée, demande et obtient la parole
« pour déclarer des faits qui n'ont point été insérés dans
« le rapport qu'on vient de lire et qui renchérissent encore
« sur le tableau hideux de la Vendée ; il en cite entr'autres
« un bien digne de remarque : il dit que le général Robert
« faisait venir les paysans, qui, sur la foi d'une amnistie,
« étaient restés paisibles dans leurs foyers, qu'il les inter-
« rogeait pour savoir s'ils avaient fait partie des rebelles
« et s'ils avaient pris les armes contre la République, que
« ces bonnes gens hésitaient et sur l'assurance qu'il leur
« donnait qu'ils pouvaient dire la vérité sans crainte et
« qu'ils n'auraient pas de mal ; que, confiants sur la
« promesse du général, ils avouaient qu'effectivement

« entraînés par la contrainte et le pistolet sur la gorge, ils
« avaient été forcés de marcher ; que cet aveu n'était pas
« plutôt prononcé que le général les faisait fusiller. »

« L'orateur entre dans d'autres détails qui font frémir
« la nature ; toute l'assemblée en est saisie d'horreur. »

« Le citoyen S..., qui a suivi toujours les opérations des
« généraux de la Vendée, monte à la tribune et fait con-
« naître les cruautés commises par le général Turreau[1],
« qui n'a jamais voulu écouter que son système de destruc-
« tion sans vouloir suivre aucuns avis particuliers.....
« Le général Duquesnoy[2], homme de sang comme le
« général Turreau, n'a épargné ni femmes, ni enfants,
« dans les lieux où il a passé et a tout incendié par ce sys-
« tème abominable que là où il ne devait exister aucun
« homme, il ne devait y avoir aucuns grains ; que le comité
« révolutionnaire de Nantes s'est refusé de remettre à des
« citoyens des enfants qui étaient entassés dans des dépôts ;
« il voulait qu'on les fît tous périr ; il finit par dire que
« *tous les crimes, les horreurs et les infamies ont été*
« *commis dans la Vendée.*

« Carpantier[3] demande et obtient la parole : il présente
« à la société son livre de correspondance pendant qu'il
« a été général de brigade, qu'il avait l'ordre du général
« Turreau de passer hommes, femmes et enfants à la
» baïonnnette et de tout brûler et incendier ; il *lit* l'ordre
« du général Turreau ; il rend compte que dans toutes ses

---

[1] Le général Turreau avait créé douze colonnes dites *infernales*. Leurs chefs avaient reçu l'ordre de passer tous les Vendéens à la baïonnette. de livrer aux flammes les villes, les bois, les genêts... (C. Blordier-Langlois, II. p. 19.)

[2] Duquesnoy, frère du conventionnel montagnard, « fougueux « patriote, qui. d'après Larousse lui-même (!) dépassa dans cette « guerre acharnée les ordres les plus rigoureux de la Convention « dont il s'intitulait, dit-on, *le boucher.* » (Larousse, *Grand Dictionnaire universel du XIXe siècle.*)

[3] Carpentier. François. né à Saumur en 1751, curé constitutionnel d'Ambillou en 1791, engagé volontaire à la guerre de la Vendée. nommé général de brigade le 8 frimaire an II, disgracié par le général Turreau. (Port : *Dictionnaire de l'Anjou.*)

« démarches, malgré des ordres impérieux, il avait néan-
« moins conservé bien du pays par où il passait, notam-
« ment Chemillé où il n'a pas fait incendier une maison. »

Enfin, « une lettre de la société populaire de Fontenay-le-
« Peuple, invitait la Société populaire de Saumur à l'ap-
« puyer dans les dénonciations faites contre les généraux
« Turreau, Hucher et autres, qui ont désolé et anéanti les
« belles contrées de la Vendée, en faisant assassiner les
« habitants paisibles, piller et incendier toutes les pro-
priétés » (Séance du 17 vendémiaire an III) [1].

Nous avons tenu à publier dans leur entier ces récits dont
on ne peut contester la véracité et qui n'ont besoin d'aucuns commentaires. Quel triste tableau, quel contraste
entre ces actes de barbarie inexplicables commis par les
généraux républicains en Vendée et la conduite des Vendéens à Saumur en 1793! « On doit le dire à la louange
des royalistes », lit-on dans Bodin, « ils se conduisirent
« après la victoire avec beaucoup de douceur et de modé-
« ration envers leurs prisonniers; l'humanité, compagne
« toujours fidèle de la véritable bravoure, n'eut point à
« gémir sur ces massacres faits de sang-froid, malheu-
« reusement si communs dans nos guerres civiles et que
« l'histoire ne prend soin de recueillir que pour flétrir la
« mémoire de ceux qui les ordonnent ou les tolèrent [2]. »

Les procès-verbaux des séances de ventôse an III font
connaître la fin « de la malheureuse guerre de la Vendée
et la signature d'un traité de paix avec Charette [3] (Séance
du 5 ventôse). Cette nouvelle est accueillie « avec le plus
« grand plaisir » et l'on décide que le Président de la société

---

[1] La Convention avait, il est vrai, décrété en 1793 que la Vendée
devait être exterminée et incendiée. (C. Blordier-Langlois, I, p. 386.
— Art. 6 et 7 du décret du 1er août 1793.)

[2] L'appréciation de Bodin a d'autant plus d'autorité qu'il a été
mêlé aux événements de la Vendée. Nommé, en 1796, receveur particulier à Saumur, il a pu recueillir des souvenirs encore tout
récents.

[3] Traité de la Jaunaye, 17 février 1795, 29 pluviôse an III.

se joindra aux délégués du district et de la municipalité pour aller à Angers féliciter les représentants du peuple. A la séance du 10 ventôse, « le Président rend compte de sa « mission à Angers ; il annonce que les représentants tar- « dant à s'y rendre, ils y avaient laissé un seul commis- « saire qui, organe de la Société, lui tracerait la vive sensa- « tion qu'elle avait éprouvée en apprenant que les brebis « égarées étaient rentrées dans le bercail. » On demande que « tous les habitants aillent au devant des représentants « le jour de leur arrivée pour leur témoigner leur satisfac- « tion. » Enfin, le 20 ventôse, l'entrée dans la salle des séances du représentant du peuple est saluée d'applau- dissements : « il monte à la tribune et prononce un dis- « cours dans lequel il invite les citoyens à se mettre en « garde contre la malveillance ; il ajoute que Stofflet n'est « plus rien et que tous ses efforts seront impuissants[1]. »

Peu de temps après, Stofflet devait en effet déposer les armes (mai 1795). Les hostilités ainsi suspendues recom- mencèrent il est vrai quelques mois après. Mais la mort de Charette et de Stofflet, fusillés au commencencement de 1796, devait amener la pacification définitive de la Vendée.

La Société populaire de Saumur accordait beaucoup d'attention à l'étude de toutes les questions qui concer- naient l'armée et surtout le sort des militaires. Elle se plai- gnait bien parfois de ce que la municipalité n'empêchât pas « les militaires de galoper dans les rues et de tirer des « coups de fusil dans l'intérieur ou l'extérieur de la Com- « mune » (22 floréal) ; elle déplorait l'abus qu'ils faisaient ainsi de leurs cartouches et discutait les mesures à prendre contre « ce genre de dilapidation si préjudiciable aux intérêts de la République » (Séances des 16 messidor et 15 thermidor). Elle demandait également au comman-

---

[1] Voir dans (Blordier–Langlois. II, p. 55), le récit de la séance de la Société populaire d'Angers où le représentant Delaunay rend compte de sa mission.

dant de place des explications au sujet de militaires accusés de ne pas porter de *cocarde* (18 messidor).

Mais elle accueillait avec faveur et examinait avec le plus grand soin toutes les dénonciations et plaintes des militaires détenus soit dans les maisons d'arrêt, soit à la salle de discipline. Elle nommait des commissaires pour « s'atourner « devant le citoyen accusateur public militaire » et presser le jugement des détenus (27 floréal). Les réclamations fréquentes de ceux-ci, qui, sans doute pour apitoyer la société sur leur sort, affirmaient « brûler du désir de con- « courir à anéantir le tiran », excitaient toujours « la plus « vive sollicitude » (20 thermidor — 20 vendémiaire).

La Société surveillait également les agissements des commissaires de la marine et des agents des étapes (21 messidor et 13 thermidor), faisait modifier le service de la garde nationale (séance du 1er jour des Sans-Culotides), se préoccupait de la qualité du pain de munition et dis- cutait les réclamations élevées « sur la négligence mise à « faire le recensement des chevaux entiers et juments « poulinières qui seraient propres à la propagation des « chevaux, espèce si essentielle aux intérêts de la Répu- « blique » (3 vendémiaire an III.) ·

Elle favorisait de tous les moyens en son pouvoir la fabrication du *salpêtre* [1]. Dans ce but elle avait nommé un de ses membres « en qualité de commissaire pour seconder

---

[1] Nous avons vu plus haut (note 1, p. 15), que le salpêtre était alors recherché dans les vieilles constructions, soit au moyen de démolitions d'anciens bâtiments, soit par des fouilles opérées dans de certains lieux. La fabrication du salpêtre et la recherche des ma- tières salpêtrées furent l'objet d'une série de décrets ou lois.

Un décret de la Convention, en date du 28 août 1793, avait mis à la disposition du Conseil exécutif toutes les matières salpêtrées. Un autre décret, du 4 décembre 1793 (14 frimaire an II), invitait tous les citoyens à concourir à l'extraction du salpêtre.

La loi du 13 fructidor an V (30 août 1797), maintenant le privi- lège qu'avaient les salpêtriers commissionnés d'enlever les maté- riaux de démolition salpêtrés, imposa aux propriétaires qui voulaient démolir, l'obligation de faire, une décade au moins avant toute démolition, une déclaration à la municipalité (art. 2) ; elle conserva aussi le droit de *fouille* ; l'article 4 porte en effet que les salpêtriers

« les efforts et le zèle de la municipalité dans la fabrication
« révolutionnaire du salpêtre. » Le 1er floréal an II, ce
commissaire annonce que le feu sera mis le lendemain
sous la chaudière. Le 11 prairial suivant, les commissaires de l'atelier commun du salpêtre et un membre de la
municipalité font « hommage à la Société du produit d'une
« chauffe de salpêtre. » Le citoyen chef de l'atelier reçoit
l'accolade fraternelle du président qui « au nom de la
« Société, témoigne aux commissaires et à l'officier muni-
« cipal sa vive reconnaissance pour les soins qu'ils se
« donnent à faire prospérer, dans l'atelier commun, la
« fabrication du salpêtre qui doit hâter la destruction pro-
« chaine des tyrans et des ennemis intérieurs de la Répu-
« blique. »

Quelques jours après, la Société accepte l'offrande faite
par de jeunes républicains, âgés de 9 à 14 ans, « d'une
« corbeille de salpêtre » qu'ils avaient fabriqué eux-mêmes.
« On reçoit cet hommage précieux avec la sensation du
« plus doux attendrissement ! » Ces jeunes ouvriers
demandent des matériaux pour continuer leurs travaux
« qu'ils ont pris à grand cœur dans l'idée flatteuse que,
« malgré leur faiblesse, ils contribuent déjà aux grands
« moyens d'exterminer les ennemis de la patrie. Ces
« jeunes salpêtriers mettent le comble à l'intérêt qu'ils ont
« inspiré en demandant qu'exhibition soit faite de leur
« salpêtre. » Leurs noms sont recueillis et inscrits au
procès-verbal. (Séance du 20 prairial an II.)

commissionnés continueront également de prendre les terres et matériaux salpêtrés qui se trouvent dans les granges, écuries, berge-
ries, remises et autres lieux couverts, à l'exception de ceux servant
d'habitation personnelle et des caves et celliers contenant du vin,
des boissons ou des marchandises...

Ce dernier mode fut plus tard supprimé par la loi du 10 mars
1819 (art. 2) : « La fouille provisoirement maintenue par l'article 4
« de la loi du 13 fructidor an V, cessera d'avoir lieu, si ce n'est en
« traitant de gré à gré avec les propriétaires. » Mais la loi de 1819
maintint l'obligation de la déclaration imposée à tout propriétaire
qui voulait faire procéder à une démolition. On trouve encore dans
les archives des mairies des déclarations ne remontant pas à plus de
quarante ans.

La Société, invitée par l'agent national du district « à
« faire la recherche d'hommes propres par leur talent et
« leur *civisme* à former des établissements d'*acieries*, si
« nécessaires à l'affermissement de la liberté », consacre
aussi ses soins à l'étude de cette question. (Rapport lu à la
séance du 2 messidor.)

A l'exemple d'autres sociétés, elle avait arrêté qu'elle
fournirait son *Cavalier Jacobin*, équipé à ses frais. Le
27 germinal, un sellier lui offrit une selle pour ce cavalier.
« Ce n'est pas tout, dit un membre, que le Cavalier Jacobin
« soit bien équipé ; il faut encore qu'il ait le gousset garni
« pour, en allant rejoindre son encadrement, boire à la
« santé de la République qu'il a bonne envie de servir.
« Cette observation est sentie ; mais de combien *enflera-*
« t-on son portefeuille ? » On lui alloua généreusement
cent livres (Séance du septidi 27 germinal). Deux jours
après, ce cavalier est admis dans la Société ; il reçoit l'accolade fraternelle du président avec exhortation « à répondre
« à son titre de Cavalier Jacobin, de se montrer toujours
« l'ennemi des tyrans et de ne pas tromper la confiance de
« la Société ; il est invité à correspondre avec la Société
« qui ne cessera d'avoir les yeux sur lui et apprendra avec
« sensibilité qu'il se conduit en homme pénétré des prin-
« cipes républicains. » (Séance du nonidi 29 germinal.)

La même accolade fraternelle était un peu plus tard
accordée à plusieurs citoyens, prêts à partir pour la fron-
tière « d'où ils n'espèrent revenir qu'après l'extinction
« totale des tirans et le front couronné de lauriers. »
(27 prairial an II.)

D'importantes manipulations ont été faites, à l'époque des guerres
de la République et de l'Empire, sur les matériaux provenant de la
démolition de partie de l'abbaye de Fontevrault.

Le 8 messidor an II fut représentée, sur le théâtre de la Cité, une
comédie-vaudeville, œuvre d'un sieur Tissot, intitulée *Les Salpêtriers républicains*, et où se trouvait ce couplet :

« Piochons, piochons,
« Et fabriquons du salpêtre !
« Piochons, piochons,
« Et retournons nos maisons ! »

En dehors de ces questions militaires, l'instruction occupait une place importante dans les délibérations. N'était-ce pas d'ailleurs le but apparent de la Société? Celle-ci n'avait-elle pas institué à cet effet un comité d'instruction publique? Les procès-verbaux démontrent qu'elle avait une sollicitude toute spéciale pour l'éducation des jeunes citoyens, à laquelle elle consacrait régulièrement deux ou trois séances par mois. Mais voyons en quoi consistait cet enseignement.

Simon, accusateur public du Tribunal criminel à Angers, avait envoyé à la Société plusieurs exemplaires du *Cathéchisme* (sic) *français républicain.* (Séance du 29 floréal an II [1].)

A la séance du 30 floréal, la jeune citoyenne M..., âgée au plus de dix ans, à qui il avait été remis la veille un exemplaire de ce catéchisme, demande à en réciter par cœur quelques passages. « Elle monte à la tribune et « répond à la grande satisfaction des citoyens à toutes les

---

[1] Nous avons vainement recherché quel était ce catéchisme : il eût été intéressant de savoir quels principes y étaient professés.

Larousse (Grand Dictionnaire universel du xixe siècle) parle bien d'un *Catéchisme républicain, philosophique et moral,* ouvrage en vers du comte de La Chabeaussière. Mais il dit que la première édition ne parut qu'en 1795 : si cette date est exacte, ce ne pourrait donc être celui envoyé par l'accusateur public Simon en mai 1794, Ce catéchisme du comte de La Chabeaussière a été réédité en 1796, sous le titre de *Catéchisme français ou principes de la morale républicaine à l'usage des écoles primaires* (quelques recueils indiquent même cette édition comme étant la première) ; c'est une rareté bibliographique. Du reste on y trouve l'affirmation de l'existence de Dieu, de l'immortalité de l'âme, du respect de la propriété. On lit dans une notice insérée dans la *Biographie nouvelle des Contemporains* par Arnault et Jouy (1821), que La Chabeaussière, incarcéré sous la Terreur, fut sauvé par le 9 thermidor et fut désigné par le Conseil des Cinq-Cents comme un des hommes de lettres à employer pour l'instruction de la jeunesse.

MM. de Goncourt, dans leur *Histoire de la société française pendant la Révolution,* et M. Biré, dans un article intitulé « *La Révolution et l'Enfance* » et publié dans le premier numéro de la *Revue de la Révolution,* de MM. d'Héricault et Bord, ne parlent que de deux catéchismes : *Le Catéchisme de la Constitution française* et le *Catéchisme élémentaire de morale, propre à l'éducation de l'un et l'autre sexe.*

M. Albert Duruy, dans son livre sur *l'Instruction publique et la Révolution,* cite, mais sans indication de la date de publication, le *Catéchisme historique et révolutionnaire* et le *Nouveau Catéchisme à l'usage des Sans-Culottes et leurs enfants,* présenté à la Convention

« questions que le Président lui fait sur le Catéchisme
« Républicain. La salle et les tribunes retentissent d'ap-
« plaudissements. Elle reçoit l'accolade fraternelle du
« Président et les honneurs de la séance.

« Un membre observe qu'il ne suffit pas de faire
« apprendre aux enfants le Catéchisme Républicain, qu'il
« regarde comme un premier devoir celui de leur faire
« apprendre la *Déclaration des droits de l'homme* [1]. Il
« propose d'inviter tous les pères et mères à instruire leurs
« enfants sur ce grand acte de notre régénération.

« Il est arrêté que les jeunes citoyens des deux sexes, qui
« répondraient sur les grands principes de la Révolution,
« auraient une place dans l'enceinte auprès de la tribune
« du président, avec une bannière au-dessus de leurs têtes,
« portant ces mots *l'espérance de la Patrie.* »

L'exemple de la jeune citoyenne M... fut suivi. Quelques
jours après, « plusieurs jeunes citoyens et citoyennes se
« présentent pour être admis à réciter leur Catéchisme
« Républicain. Le Président félicite ces jeunes citoyens
« et citoyennes sur leur empressement à devenir l'espoir
« de la patrie par les principes républicains qu'ils font
« déjà germer dans leurs jeunes cœurs. » (Séance du
2 prairial.)

La séance du 10 prairial, dont le procès-verbal fut imprimé et envoyé à la Convention nationale, est particuliè-

nationale qui en a fait mention honorable. Serait-ce celui envoyé
par l'accusateur public Simon ?

D'ailleurs, ces catéchismes devaient être nombreux ; car le comité
d'instruction publique de la Convention, ayant mis au concours le
Catéchisme républicain, cinquante manuscrits au moins furent pré-
sentés à ce concours.

[1] Cf. Étude de Taine, sur le *Programme Jacobin*, publiée dans la
Revue des Deux-Mondes (Livraison du 1er mars 1883, p. 72) : « Les
enfants apprendront à lire dans la *Déclaration des Droits* et dans
la *Constitution de 1793.* On fabriquera des Manuels et des Catéchismes Républicains à leur usage (Décret du 29 frimaire an II).
On les conduira aux séances des municipalités des tribunaux et
surtout des sociétés populaires. « Dans ces sources pures, ils puise-
« ront la connaissance de leurs droits, de leurs devoirs, des lois, de
« la morale républicaine » et à leur entrée dans le monde ils se
trouveront imbus de toutes les bonnes maximes. »

rement intéressante : elle est consacrée à la récitation du
Catéchisme Républicain et de l'acte constitutionnel dont la
Société avait fait distribuer un certain nombre d'exemplaires. Les jeunes citoyens et citoyennes sont invités à
s'approcher du bureau : « tous avec la rapidité de l'éclair
« se sont précipités autour du président sans qu'il ait eu le
« temps de les y appeler. Les plus jeunes, noyés dans la
« foule et craignant de n'être pas aperçus, élevaient leurs
« petites mains et présentaient le *livre sacré* (!) afin qu'on
« les interrogeât les premiers. » (Les plus jeunes avaient
de cinq à sept ans !) « Tous voulaient à la fois faire
« preuve de leur savoir ; par l'empressement, la confiance
« et la joie que peignaient leurs regards ingénus, ils sem-
« blaient dire à l'assemblée : si l'on nous enseignait comme
« autrefois des choses inconcevables, absurdes et con-
« traires à la nature, nos esprits se refuseraient à cette
« pénible étude ; mais vous nous présentez le Catéchisme
« Républicain et les Droits de l'homme ; nous vous assurons
« que nous pouvons répondre à vos vœux ; les principes
« qu'offrent les sublimes ouvrages étaient d'avance gravés
« dans nos cœurs. » La précocité de ces jeunes enfants
n'est-elle vraiment pas admirable ?

Un membre prononce ensuite un discours sur l'éducation qui nous semble mériter d'être reproduit en son entier :

« Républicains et frères,

« L'ordre du jour nous appelle à la discussion des prix
« qui seront accordés par la Société à nos jeunes compa-
« triotes des deux sexes, qui, par leur application à l'étude
« de l'acte constitutionnel et du Catéchisme Républicain,
« nous feront le mieux apercevoir les germes féconds
« qu'ils auront puisés dans ces sublimes ouvrages, où le
« génie de la liberté a su mettre ses maximes à la portée
« de l'enfance même, parce qu'ils sont l'expression de
« l'éternelle raison et de la nature qui parlent à tous
« les cœurs.

« Déjà je vois avec ravissement ces âmes neuves et
« pures s'émouvoir en bégayant le doux nom de Patrie et
« saisir avidement ces grands principes de liberté, d'éga-
« lité, de fraternité, de générosité, de bienfaisance, de
« justice, d'énergie et de courage à repousser toutes
« espèces de tyrannies.

« Je les vois, dis-je, s'élever rapidement à la hauteur de
« leur glorieuse destinée, parce que, nés essentiellement
« bons, les vices de l'ancien régime n'ont pas eu le temps
« de corrompre, d'avilir leurs âmes et d'en bannir avec le
« sentiment de leurs droits l'amour de l'ordre que l'Être
« suprême y a placé.

« La nature toujours sage ne produit que des républi-
« cains. C'est de la fange de tous les vices réunis que
« naissent le perfide hypocrite, le fanatique furieux, l'in-
« fâme Royaliste et tous les esclaves qui veulent d'autres
« distinctions que celle des talents et des vertus, d'autres
« maîtres que la Loi.

« Le jeune fils d'un Crésus rencontre dans les chau-
« mières voisines des camarades de son âge ; il ne s'in-
« forme pas s'ils prétendent à des titres, des dignités, des
« richesses ; il voit ses semblables ; l'instinct de l'égalité
« le porte à les rechercher, les affectionner ; il jouit avec
« eux de tous les charmes des jeux de l'enfance ; il est
« alors républicain.

« C'est quand les préjugés viennent à s'emparer de lui
« et le contraindre impérieusement à quitter avec dédain
« ces premiers et fidèles amis pour n'en jamais retrouver,
« qu'il n'est plus qu'un malheureux esclave.

« Vous n'auriez donc, citoyens et frères, dans l'hono-
« rable fonction d'instituteurs de la jeunesse, qu'à aider le
« développement d'un germe heureux qu'elle porte en elle,
« qu'à épier la nature et en la suivant pas à pas vous con-
« duiriez infailliblement vos élèves à la perfection dont ils
« sont susceptibles, si vous n'aviez aussi à les préserver

« des vices qui les entourent, et voilà de votre tâche le
« plus difficile à remplir.

« Il ne suffit pas de cultiver le champ fertile ; il en faut
« extraire l'herbe qui étouffe la semence ; il faut armer,
« appuyer le jeune arbrisseau qui végète le mieux où il
« peut être détruit à tout instant.

« Pour mettre cet espoir chéri de la Patrie à l'abri des
« dangers qui l'environnent, vous lui apprendrez sans
« doute que l'ambition, l'orgueil des prétentions exclu-
« sives sont ordinairement l'apanage d'un mauvais cœur et
« d'un esprit borné qui, faute de vues, ne connaît de mé-
« rite que le sien, n'estime que lui, veut commander par-
« tout et ne parvient qu'à se faire détester ; — que la sim-
« plicité, la modestie annoncent une conscience pure, un
« jugement sain qui voit le mérite où il est, le consulte, se
« plaît à l'élever et sait s'en faire un salutaire appuy.

« Vous lui apprendrez que la finesse, l'intrigue, l'hypo-
« crisie, l'imposture et la friponnerie, compagnes insépa-
« rables, marchent toujours dans les ténèbres avec l'in-
« quiétude et les remords, par des chemins couverts et
« tortueux pour arriver à la fortune et qu'elles ne trouvent
« ordinairement à sa place que la honte, l'infamie et sou-
« vent la mort. C'est *l'infâme royaliste* qui, dans son
« astucieuse et ridicule audace, ose essayer de gravir
« la montagne ; il n'en aperçoit la sublime élévation que
« pour voir à côté le précipice qui l'attend ; il s'approche
« en frémissant de la foudre ; elle éclate et l'écrase à l'ins
« tant où il croirait la diriger contre la liberté.

« Vous lui apprendrez que la loyauté, la franchise et
« l'énergie de la vertu, escortées de la paix intérieure, de
« la confiance publique, suivent hardiment les sentiers
« découverts, s'y montrent au grand jour, y sont souvent
« accueillies par la fortune qu'elles ne cherchent pas et y
« trouvent toujours le bonheur inséparable du sentiment
« d'avoir fait le bien.

« C'est le Républicain, c'est l'ami du peuple, de l'égalité

« et de l'humanité toute entière qui, sous la double égide
« du patriotisme et de la vertu, est inaccessible à la
« crainte : semblable à Jupiter, il siège paisiblement au
« séjour des orages, quand il faut commander au tonnerre
« et le lancer sur les ennemis de la Patrie (!)

« Vous le mettrez en garde contre la sordide avarice,
« maladie honteuse et mortelle dans une République ;
« l'avare est un être isolé et dégradé, qui ne connaît ni
« parents, ni amis, ni patrie ; il vendrait tout, il trahirait
« tout pour s'enrichir : c'est le plus dangereux de tous les
« ennemis ; il a beau singer le sentiment, le patriotisme,
« le désintéressement, simuler des sacrifices ; l'œil public
« ne peut voir en lui qu'un mauvais citoyen, un perfide
« accapareur, un vil égoïste, un *aristocrate* déguisé.

« Vous lui apprendrez que le désintéressement, l'étude,
« le travail, la tempérance, la frugalité et les bonnes
« mœurs qui en sont une suite naturelle, procurent à
« l'homme le seul trésor digne de fixer son ambition, la
« santé, la force du corps pour terrasser les ennemis de la
« patrie et celle de l'âme pour s'élever au-dessus d'eux.

« Le véritable patriote ne songe point à se ménager par
« des richesses mal acquises les moyens de vivre dans
« l'oisiveté ; actif comme la nature, il veut toujours faire
« le bien et se plaît comme elle à le voir également
« répandu sur la surface de la terre.

« Vous lui apprendrez enfin à ne point connaître d'enne-
« mis particuliers, de haine, de vengeances personnelles
« sous le faux prétexte de bien public ; le républicain est
« au-dessus de ces misérables moyens, produits par
« l'envie, le sot orgueil et la bassesse ; il est trop grand
« pour regarder à ses pieds : dans sa noble élévation il ne
« voit que les ennemis de son pays et leur réserve toute sa
« haine et son implacable vengeance.

« Voilà, républicains et frères, un rapide aperçu des
« grands et nombreux devoirs contractés en vous char-
« geant de l'honorable fonction d'instituteurs de la jeu-

« nesse ; il n'appartient peut-être qu'à une société nom-
« breuse de vrais patriotes d'entreprendre aujourd'hui
« cette tâche. Elle est trop belle, trop grande, trop au-
« dessus des moyens ordinaires pour qu'un particulier ose
« prétendre à la gloire de la bien remplir : s'il est beau de
« faire des lois sages, de défendre vaillamment son pays,
« il n'est pas moins beau de former des hommes dignes
« de remplir ces grandes et importantes (fonctions), de
« leur former des compagnes modestes, sages, vertueuses,
« amies de leurs devoirs, de la liberté, de l'égalité et qui,
« dédaignant et les préjugés et le faux clinquant d'un luxe
« emprunté qui ne fait que déparer leurs grâces naturelles,
« viendront dans nos fêtes civiques, ornées de leurs seuls
« attraits, les embellir, les vivifier, les animer, y répandre
« le charme puissant qui porte aux grandes choses, en y
« présentant l'espoir et le prix des vertus républicaines. »

Après ce discours, le président interroge les enfants qui
répondent « avec facilité et précision. C'était le récit de
« leurs propres idées. Leurs voix faibles et enfantines ont
« pris l'accent ferme et soutenu du sentiment ; le cœur
« dictait, la mémoire était fidèle et le spectateur enchanté
« a entendu avec étonnement le jeune républicain de cinq
« à six ans professer les grandes maximes de la sagesse et
« poser les bases de la félicité publique. »

Le Président adresse ensuite aux enfants un discours
également très intéressant, mais trop long pour être publié.
Aussi nous contenterons-nous d'en extraire ce passage :
« Quelle espérance ne devons-nous pas concevoir et que
« ne devons-nous pas attendre de vous, lorsque nous
« voyons que plusieurs d'entre vous, pouvant à peine pro-
« noncer le nom de Patrie et tous également touchés des
« merveilles qui vous environnent, vous quittez vos jeux
« et suspendez vos plaisirs de l'enfance pour venir jouir
« de celui d'apprendre à devenir citoyens ? Quoi ! vous
« semblez déjà nous assurer que vous êtes citoyens et nous

« dire avec un des apôtres de notre révolution (?) que chez
« les âmes bien nées la valeur n'attend pas le nombre des
« années. Heureux et doux présage pour nous ! Oui, jeunes
« citoyens et jeunes citoyennes, vos cœurs purs comme
« l'air que vous respirez, simples comme la nature et
« exempts de préjugés que nous avons eu à combattre, se
« développant tout entiers et n'entendant que les accents
« de la vérité, seront de bonne heure pénétrés des dogmes
« sacrés que nous professons. Vous nous devancerez ; nous
« l'augurons du désir ardent que vous témoignez de vous
« instruire et du feu de la liberté qui brille dans vos yeux,
« miroirs fidèles de vos âmes, qu'aucun souffle impur n'a
« obcurcies et qui, comme une onde claire et tranqullle,
« nous en laissent apercevoir le fond. Vous nous devan-
« cerez ; eh bien ! est-il d'idée plus consolante pour
« nous ?... Nous nous complaisons à vous voir et à vous
« appeler *l'espoir de la Patrie.* »

(Le procès-verbal donne les noms et l'âge des quarante-
et-un jeunes citoyens et citoyennes dont la plupart ont
moins de dix ans et dont l'un n'a même que cinq ans.)

« Cette intéressante séance couverte d'applaudissements
« universels a été suivie de cris mille fois répétés : de Vive
« la République ! Vive la Montagne !

« Des chants civiques sont proposés ; nos jeunes candi-
« dats, garçons et filles, de s'élancer à la tribune, de se
« grouper autour, d'entonner l'hymne patriotique ; tout est
« exécuté aussitôt que conçu ; le diapason du sentiment
« met toutes les voix à l'unisson sans qu'il soit besoin de
« préluder. L'on célèbre l'égalité, la liberté, les triomphes
« de la république et la gloire immortelle de ses intré-
« pides défenseurs ; des chants d'allégresse retentissent au
« loin et leurs sons harmonieux portent jusqu'au ciel
« l'hommage de la reconnaissance et de la joie la plus
« pure. Les couplets se succèdent et peignent, ainsi que les
« gestes expressifs des acteurs, de la manière la plus éner-

« gique et par des contrastes frappants que n'imita jamais
« l'art, l'amour brûlant de la patrie et la haine profonde
« qu'inspirent les tirans.

« Les instants trop rapides s'écoulent dans la plus douce
« ivresse et sans qu'on s'en soit aperçu, la séance s'est
« prolongée bien avant dans la nuit; elle est levée. »

A la séance du 9 messidor an II, un membre prononce
un discours sur l'éducation des jeunes citoyens et fait
hommage à la Société de plusieurs ouvrages élémentaires
sur l'éducation et la morale publique. On arrête que ce
discours sera lu le lendemain au temple de la Raison.

Le zèle des jeunes patriotes ne se ralentit pas. Le 20 messidor, « la jeunesse républicaine réclame à son tour son
« ordre du jour : c'est son instruction. Une foule d'enfants
« pleins de zèle se presse autour du bureau et se dispute
« l'avantage de passer les premiers à l'examen. » Même
spectacle à la séance du 30 messidor, où l'on interroge des
enfants de cinq à six ans : « La séance est terminée par
« l'hymne patriotique « *Quels accents ! Quels trans-*
« *ports !* » chanté avec autant d'ingénuité que d'intelli-
« gence par le jeune X..., enfant de cinq ans ; les douces
« émotions de l'âme se sont fait ressentir à la voix douce
« et harmonieuse de cet enfant et tous les spectateurs se
« sont retirés remplis de sentiments touchants d'admira-
« tion. »

L'empressement est le même aux séances suivantes
(20 et 30 thermidor). Au cours de fructidor, des enfants de
cinq et six ans viennent à deux reprises apporter une
offrande civique. « Les jeunes citoyens et citoyennes qui
« font l'espoir de la Patrie se présentent et témoignent leur
« ardent amour pour la République. Ils demandent à être
« admis à faire leur offrande civique pour la construction
« d'un nouveau vaisseau *Le Vengeur.* Une d'entre les
« citoyennes monte à la tribune et prononce un discours
« qui peint déjà les principes purs qui animent leur jeunes

« cœurs. Les expressions simples et franches dont ce
« discours est rempli excitent les plus vifs applaudisse-
« ments. » (Séance du 14 fructidor an II.)

Ces jeunes patriotes ne se bornant plus à témoigner de
leur ardeur pour se pénétrer des grands principes de la
Révolution veulent « montrer ainsi qu'ils n'ont point
« trompé l'espoir qu'on a conçu de leur empressement. »

Le 24 fructidor, un jeune citoyen prononce également
« un discours d'instruction » vivement applaudi. Son
exemple est suivi et le 30 du même mois un autre fait un
discours « qui respire la franchise bien naturelle à cet âge »,
après quoi les jeunes enfants chantent en chœur des
« hymnes à la liberté. »

A chaque décade, leur zèle est le même et « peint bien
« énergiquement les sentiments républicains qui animent
« leurs jeunes cœurs » (10 vendémiaire an III.)

Ne dirait-on pas que c'est aux sources de cet enseignement civique que de nos jours P. Bert a puisé les idées
développées dans son fameux Manuel appelé à remplacer le
Catéchisme Chrétien banni absolument de l'école? Mais,
si aujourd'hui on veut inculquer aux enfants, dès leur plus
jeune âge, l'idée de l'amour de la patrie, on oublie que cette
idée est inséparable de l'idée de Dieu, que la Religion et la
Patrie sont deux idées sacrées « qui sont si étroitement
« unies qu'elles semblent se confondre [1]. »

Sous le trompeur prétexte de liberté, on proclame la
neutralité de l'école; mais l'école sans Dieu amène fatalement à la négation de Dieu [2], si bien que dans une distribution de prix on ose parler ainsi : « jeunes citoyens, on

---

[1] Discours prononcé par l'abbé Brisset, le 15 novembre 1882 au
Lycée d'Angers, lors de l'inauguration du monument élevé à la mémoire des élèves morts pour la Patrie pendant la campagne de
1870-71. (*Journal de Maine-et-Loire* du 18 novembre 1882.)

[2] Ainsi que l'a fait remarquer en termes éloquents, M. Jules
Simon, dans un discours prononcé récemment au Sénat, la neutralité dans l'École c'est l'enseignement de l'athéisme. « La neutralité
« imposée, c'est la négation enseignée. » (Séance du 5 mars 1883.)

« vous a dit que nous avions chassé Dieu de l'école ; c'est
« une erreur : on ne peut chasser que ce qui existe ; or
« Dieu n'existe pas ! » (Cf. Séance du Sénat du 18 novembre
1882.)

Qu'il nous suffise d'opposer à de pareils enseignements
un discours prononcé à Saumur, en 1794, dans le Temple
de la Raison par un agent national de Paris « qui, fou-
« droyant l'athéisme, fait revivre cette idée sublime d'un
« Dieu bienfaisant, veillant au bonheur de tous les amis
« de la liberté et de la raison. » (Séance du 10 floréal an II.)

En 1794 on se contentait d'être déiste ; en 1883 on se fait
gloire d'être athée.

De même de nos jours, par haine de la religion on chasse
des hôpitaux les sœurs dont le dévouement sublime ne
saurait être contesté, tandis qu'en 1794 on savait appré-
cier les immenses services qu'elles rendaient : aussi les
sœurs de la « cy-devant Providence » de Saumur étaient-
elles maintenues dans les hôpitaux militaires et l'agent
national du district de Baugé réclamait-il leur précieux
concours (4 floréal an II).

Nous avons passé en revue les principales questions qui
faisaient le sujet des délibérations de la Société populaire.
Il y en avait bien d'autres, aussi variées[1] que nombreuses,
mais moins intéressantes ; nous en parlerons donc plus
sommairement.

C'est d'abord la question des subsistances et celle de la
salubrité. La Société se préoccupait à juste titre de la
pénurie des subsistances de toutes sortes, on peut même
dire de la disette qui se faisait alors sentir à Saumur.
L'esprit public était surtout très excité contre les boulan-

---

[1] La Société recevait très souvent des demandes de renseignements émanant soit des autres sociétés soit de concitoyens éloignés
de Saumur. Elle était également saisie de nombreuses réclamations,
quelquefois très bizares, comme celle de ce citoyen qui faisait
annoncer à la séance du 29 germinal la perte de son portefeuille.

gers : à plusieurs reprises la Société fut saisie de réclamations au sujet de la mauvaise qualité du pain et de plaintes soulevées contre les boulangers « dont la conduite est « contre-révolutionnaire, puisqu'elle sert à jeter sur le « peuple du dégoût sur la Révolution; » — « il y a danger « de les laisser plus longtemps dans la disposition de « nuire à la santé des citoyens. » La municipalité avait bien pris des mesures et obtenu plusieurs « jugements de « condamnation à peine pécuniaire » ; mais ces mesures étaient jugées trop douces et trop lentes : on décida en conséquence qu'il y avait lieu d'en prendre d'autres « vigou- « reuses et révolutionnaires » (30 floréal).

Le Comité Révolutionnaire prit un arrêté contre les boulangers ; mais il ne paraît avoir été exécuté. Car de nouvelles plaintes se produisirent et l'on félicitait de leur civisme les citoyens qui dénonçaient les boulangers fabriquant du pain de mauvaise qualité (8 prairial). La Société, dans la séance du 30 prairial arrêta, que des commissaires se rendraient près de la munipalité pour proposer un certain nombre de mesures à prendre.

Le 19 fructidor, une commission fut également nommée pour accélérer « le battage des grains, que le mauvais « temps et peut-être même l'égoïsme et la malveillance « avaient beaucoup retardé. »

La viande faisait défaut : c'était à peine si on pouvait en fournir aux troupes et aux malades en quantité suffisante et de bonne qualité. Un membre proposa même à « tous « les bons citoyens » de s'en priver (26 thermidor).

On se plaignait également des retards apportés dans la distribution du savon (3e jour des sans-culotides) et aussi de la disette de bois ; à ce sujet un membre fait observer que « si l'on n'y prenait garde, il pourrait arriver une « contre-révolution. » Mais il fut rappelé à l'ordre, avec invitation d'être plus circonspect dans ses propos (22 brumaire an III).

Cette question des subsistances revenait souvent au cours des délibérations : elle préoccupait les esprits. Aussi, à la séance du 1er jour des Sans-Culotides, accueillait-on avec faveur la motion d'un membre qui, se flattant « d'avoir « d'excellents moyens à donner pour approvisionner la « Commune », proposait la réunion des Comités « pour « concerter avec lui de grandes vues à cet égard. »

Dans le même but, l'exécution stricte de la loi du *maximum* était énergiquement réclamée et les contrevenants (cabaretiers, fabricants de tonneaux, etc.) étaient dénoncés à la Société (22 floréal). Du reste, cette loi recevait une application sévère à en juger par une condamnation « en « 293 livres » contre un marchand qui avait contrevenu à ses prescriptions (26 fructidor an II). Il est vrai que, quelques mois après, le *maximum* fut supprimé (24 décembre 1794).

A de nombreuses reprises la Société s'occupa des mesures à prendre au sujet de la salubrité : enlèvement des boues, nettoyage des casernes, *encrottement* des cadavres de chevaux, éloignement des tueries des bouchers et de la fonderie de suif, relèvement du sol des anciens cimetières..... A la séance du 8 floréal, « un membre développe « de grandes vérités : il dit que la malveillance cache plus « d'un plan perfide ; après avoir cherché à nous perdre par « la guerre civile, désespérée de ce côté, elle tentera de nous « détruire par d'autres fléaux, la peste et la pénurie des « subsistances de tous genres. Mais il dit qu'elle ne serait « pas plus heureuse dans ses dernières tentatives que dans « les premières ; que le génie tutélaire des Français veillait « sur la perfidie ; — il cite un fait qui prouve combien le « génie malfaisant s'agite en tous sens contre le génie « toujours supérieur de la liberté..... »

Quelques jours après, « un membre, officier de santé, « donne des idées lumineuses sur le moyen de chasser les « miasmes putrides qui menacent, dit-il, d'infester la

« Commune. La Société, en l'adjoignant à deux commis-
« saires, le renvoie par devant la municipalité et le com-
« mandant de place pour conférer avec eux sur les moyens
« à prendre pour prévenir la *peste* qui semble menacer »
(13 floréal).

La Société, du reste, ne se contentait pas d'étudier avec
soin les mesures à prendre dans l'intérêt de la santé des
habitants [1] ; elle se préoccupait également des moyens
d'augmenter la prospérité de la Commune. C'est à ce titre
qu'elle accueillit favorablement une proposition faite par
un certain nombre d'habitants de Cholet, que la guerre
avait contraints de se réfugier à Saumur, et qui « mani-
« festaient le désir de voir se fixer dans cette commune *la*
» *manufacture de mouchoirs*, cette branche jadis si floris-
« sante dans les pays qu'ils ont abandonnés et qui devien-
« drait d'une si grande ressource pour cette commune. »
Les *réfugiés de Cholet* proposaient en conséquence de
« concerter avec la municipalité de Cholet, fixée à Sau-
« mur, les moyens de former des ateliers et les établisse-
« ments en grand que nécessite cette branche de com-
« merce si essentielle à la République » (24 vendémiaire
an III). La Société s'empressa de nommer des commis-
missaires « pour se réunir au citoyen Vachon, lequel
« avait des renseignements à donner, à l'effet de prendre
« les plus grandes mesures pour opérer l'établissement
« proposé. » Leur rapport fut lu à la séance du 5 ventôse
an III et le procès-verbal constate que « le projet consiste à
« établir une manufacture de galons, de fil de molletons

---

[1] Les 23 et 28 messidor, fut discutée une pétition relative aux
secours à donner aux noyés (emploi d'une boîte fumigatoire) et aux
moyens à employer pour éviter des accidents trop fréquents. La
Société y accorda « l'intérêt qu'elle ressent toujours lorsqu'il s'agit
« d'humanité » et nomma des commissaires pour étudier cette
question et demander notamment au commandant de place d'or-
donner des patrouilles, à l'effet d'empêcher les citoyens de prendre
des bains ailleurs que dans des endroits réservés.

« en deux tiers (*sic*) et qu'il serait fait une souscription de
« 30,000 livres pour cet établissement. »

La question fut renvoyée à la commission chargée de
présenter une place d'établissement. Mais la fin de la
guerre de la Vendée ne permit pas de donner suite à ce
projet dont l'exécution aurait pu être très préjudiciable
aux intérêts de la ville de Cholet.

Il nous reste à parler du rôle joué par la Société
populaire dans les cérémonies publiques et *fêtes patriotiques*.

A la séance du 13 prairial an III, « un membre parle à
« l'occasion de la *fête de l'Être Suprême* » qui devait
avoir lieu le décadi suivant. « Il demande que les jeunes
« citoyennes.soient invitées à faire des guirlandes de fleurs
« et de chêne, et autres décorations et emblèmes à la
« liberté, et que cette invitation soit annoncée au son de la
« caisse. Un autre membre demande que la fête se passe
« en plein air et non qu'on s'engouffre dans une église,
« que la fête à l'Être Suprême et à la Nature doit se faire
« sous le ciel et non sous des voûtes qui l'intercepte. »

Conformément aux désirs de ce citoyen, la célébration
de cette fête devait avoir lieu au Champ-de-Mars où l'on
éleva une *montagne* symbolique [1]. La Société décida que
tous les membres devaient « travailler à la montagne » et
arrêta « qu'il serait fait une proclamation au son de la
« caisse pour engager tous les sociétaires à remplir ce
« devoir *sacré*. » Le 20 prairial (8 juin 1794) était le jour
désigné pour célébrer cette fête : le matin une séance
extraordinaire eut lieu à l'effet d'arrêter l'ordre de marche

---

[1] Cette *montagne* fut conservée pendant plusieurs années.
Déjà à Angers, avait été célébrée, le 8 février 1794, la *fête de la
montagne*, dans laquelle fut promené à travers la ville un char représentant la montagne, sur laquelle la déesse de la Liberté était
représentée, foulant aux pieds la Royauté et la Religion et entourée
de Brutus, de Guillaume Tell, de Marat, de Lepelletier..... (Blordier-Langlois, I, p. 423.)

du cortège. On décida que « les membres de la Société
« seraient unis à ceux du comité révolutionnaire (ayant à
« peu près les mêmes rapports du côté de la surveillance) ;
« que ceux-ci néanmoins marcheraient en avant avec leur
« bannière ; que le président prendrait la tête de ce groupe,
« précédé lui-même des *bustes de Brutus, Chaslier, Marat*
« *et Lepelletier* [1]. » — « Ces monuments de gloire [2] »
furent apportés en triomphe dans la salle des séances par
quelques membres « escortés de la compagnie des jeunes
« citoyens armés [3] qui, au milieu de leur exercice, s'em-
« pressèrent de former ce cortège, semblant jaloux de
« mériter déjà l'heureuse qualification qu'on leur a donné
« d'espoir de la Patrie. »

Au même moment la Société reçut « d'un actif et sen-
« sible citoyen » l'offrande de « deux petits pains de bled
« nouveau, prémices d'une récolte prématurée. » Sur la
proposition faite par le Président de « faire servir ce *beau*
« *présent* au culte de l'Être Suprême », il fut arrêté que
ces « deux pains [4] seraient portés par un membre dans une

---

[1] Le nom de Chaslier est mal orthographié. Il s'applique à Marie-Joseph Chalier, président du tribunal criminel de Lyon, guillotiné le 17 juillet 1793.

Quant à Lepelletier, il s'agit de Le Peltier de Saint-Fargeau, tué en 1793.

[2] Bordier-Langlois raconte « qu'on fit passer à Paris l'argenterie « des églises d'Angers par deux membres du Comité Révolution- « naire, chargés d'apporter en retour, une statue de la liberté et les « bustes de Marat, de Lepelletier, de Saint-Fargeau et d'autres *mar- « tyrs* de la Révolution » (I, 419).

Taine, dans son étude sur *le Programme Jacobin*, a consacré un chapitre aux fêtes laïques substituées aux fêtes ecclésiastiques. « Nous aussi nous avons nos anniversaires, nos saints, nos martyrs, « nos reliques, les reliques de Chalier et de Marat, nos processions, « nos offices, notre rituel..... » Il ajoute que dans quelques écoles on faisait faire le signe de la croix au nom de Marat, de Lazowski..... (*Revue des Deux-Mondes.* 1er mars 1883, p. 71.)

[3] N'est-ce pas l'origine de nos bataillons scolaires ?

[4] Déjà, quelques jours avant, la Société avait reçu l'hommage d'un « morceau de pain de bled nouveau » fait par un citoyen d'Allonnes. Cette offrande avait « excité les plus vifs applaudissements » et la Société avait décidé l'envoi de ce pain à la Convention Nationale « comme un garant de la précocité de la récolte des grains dans le « district » (8 prairial an II).

« corbeille ornée de fleurs et que cette corbeille serait
« déposée en offrande sur la montagne sacrée. »

Dans une seconde séance, tenue le même jour, « après
« l'auguste cérémonie de la fête à l'Être Suprême, » le
citoyen G... fut invité à répéter le discours débité par lui
sur la montagne. « Ce discours est vivement applaudi ;
« son impression en est arrêtée au nombre de mille exem-
« plaires devant être distribués aux jeunes citoyens,
« envoyés à tous les districts environnants, aux munici-
« palités et sociétés populaires, ainsi qu'à la Convention
« Nationale. » On fit également repéter un hymne composé
par un citoyen (détenu à la maison d'arrêt !) en l'honneur
de la fête du jour. Il est probable que dans cet hymne
l'auteur célébrait et vantait les bienfaits de la liberté.

Un mois après se célébrait la fête de l'anniversaire du
14 juillet (26 messidor an II). Les préparatifs de cette fête
donnèrent lieu à des débats assez intéressants dans la
séance du 23 messidor : « un des commissaires chargés de
« s'occuper du plan de la fête du 14 juillet fait un rapport
« sur les démarches qu'ils ont faites ; ils se sont trans-
« portés à la municipalité pour se concerter avec elle et lui
« ont témoigné le regret de n'avoir pas une *bastille*
« figurée telle qu'il y en a dans tous les chefs-lieux des
« départements, ce qui a fait naître le projet d'en faire
« faire une en carton ; ce signe odieux des crimes de la
« tyrannie, offert aux regards du peuple, lui rappellera la
« glorieuse journée du 14 juillet [1] et lui fera jurer de nou-
« veau haine implacable et guerre à mort aux tyrans. Le
« peu de temps qui reste d'ici l'époque du 14 ne permettra
« pas, dit-il, de faire de grands préparatifs ; mais si ces

---

[1] La ville de Saumur possède une pierre provenant de la Bastille.
Cette pierre qui lui a été offerte par un des *vainqueurs*, M. Aubin
Bonnemère, a été longtemps appliquée à la façade nord de l'Hôtel de
Ville ; elle est actuellement déposée au musée. Un plan de la Bastille
a été gravé sur la surface.

« préparatifs sont simples, la pompe sera dans le cœur et
« ce sera l'effet de l'enthousiasme et du patriotisme qui
« animent tous les habitants de cette commune. »

Le 21 thermidor, « un membre observe que l'on touche
« à l'époque à jamais mémorable de la journée du 10 août
« qui consolida la liberté des Français, qu'il doit être fait
« une fête solennelle pour célébrer dignement ce grand
« jour, pourquoi il demande que des militaires détenus
« pour cause légère soient mis en liberté pour prendre
« part à la félicité publique. » Le procès-verbal de la séance
du 23 thermidor constate que « la Société assista en masse
« avec tous les autres citoyens de la commune et les auto-
« rités constituées à cette fête qui se passa avec cette
« gayeté franche qui anime les vrais républicains. »

Les chants patriotiques étaient à cette époque très appré-
ciés. Aussi les séances de la Société se terminaient inva-
riablement par « le chant de l'hymne chéri des Français :
« amour sacré de la Patrie, le chant toujours neuf du
« couplet de l'hymne des Marsellais » (1ᵉʳ floréal [1]). Souvent même au cours des séances, on entonnait soit quelques
« chansons patriotiques », comme celles dont avaient fait
l'hommage à la Société un membre du Comité Révolutionnaire (4 floréal) ou un membre d'une société étrangère en
« souvenir des séances auxquelles il avait été admis
(30 pluviôse), soit « des hymnes à la liberté », tels que
ceux chantés à la séance du 27 floréal par un citoyen se
qualifiant de *musicien national, ancien musicien du
Concert Spirituel de Paris*. « Ce citoyen chante avec
« accompagnement de basse des airs qui charment tous les
« cœurs ; le son de sa voix, l'intelligence de sa déclamation
« entraînent les esprits au plus grand enthousiasme; il
« est souvent interrompu par des applaudissements et des

---

[1] La séance du 25 pluviôse se termine, dit le procès-verbal, par
l'entonnation des hymnes patriotiques, et une citoyenne chante d'une
voix mélodieuse plusieurs couplets au bruit des plus vifs applaudissements.

« cris mille fois répétés de Vive la République ! Vive la
« Montagne ! »

A la séance du 20 floréal, « plusieurs artistes apportent
« un *bonnet de liberté* qui doit être mis dans un endroit
« apparent de la Commune ; il est reçu au milieu de vifs
« transports ; les artistes sont admis aux honneurs de la
« séance et reçoivent du président l'accolade fraternelle. »
Aussitôt un membre chante « un couplet dont le sujet est
« tiré du bonnet de la liberté qui est au milieu de la
« salle et la séance est terminée par l'hymne toujours
« chéri. »

La lecture des procès-verbaux révéle, il est vrai, que les
sociétaires n'attendaient pas toujours pour se retirer la fin
de ces chants patriotiques dont l'*entonnation* devait ter-
miner chaque séance. C'est ainsi que, le 5 floréal, un
membre proteste vivement contre cette sortie trop préci-
pitée : « il est de règle, dit-il, qu'avant de se séparer les
« sociétaires doivent chanter en chœur un hymne patrio-
« tique. Eh bien, n'est-il pas scandaleux que le couplet
« qu'on appelle chéri et (qui est) vraiment propre à exciter
« l'enthousiasme de la liberté, soit à peine chanté par deux
« ou trois membres qui restent ? » Le procès-verbal fait
suivre cette réclamation de ces mots : « Le président
« voudrait en vain qu'on délibérât sur cet article, les socié-
« taires sont déjà bien loin ; il se contente donc d'éviter le
« réclamant à entonner lui-même : amour sacré de la
« Patrie. »

Tel est le résumé aussi exact que possible des séances
de la Société populaire et révolutionnaire de Saumur. Nous
avons essayé de donner le vrai caractère de cette Société,
la véritable physionomie de ses réunions et de ses délibérations.

Comme nous le disions en commençant, le document
que nous venons d'analyser, en y apportant tous nos soins,

nous a paru curieux à étudier en raison même des rapprochements que tout esprit sérieux est amené à faire entre les événements actuels et les souvenirs de la Révolution.

En tout cas, c'est une page d'histoire locale qui nous a paru mériter d'être publiée dans un recueil spécialement consacré à l'Anjou.

Angers, imprimerie Germain et G. Grassin, rue Saint-Laud. — 1343-83.